ちくま文庫

魚味求真

魚は香りだ

関谷文吉

筑摩書房

目次

本書は一九九九年二月二十五日に中央公論新社より刊行された『魚は香りだ』を改題して文庫化したものである。

魚味求真——魚は香りだ

食の香り

「禽獣はくらい、人間は食べる」。中世フランスの美食家ブリア・サヴァランは、著書『美味礼讃』（関根秀雄・戸部松実訳、岩波文庫）のなかでこう書いていますが、この食べるという意味には無限の広がりがふくまれているように思えてなりません。

生物は外界からの刺激に対し種々の感覚を感知することができますが、そのなかでも味覚と嗅覚《きゅうかく》は化学物質からの刺激を受容する化学感覚です。

微生物にしても化学感覚をもち、さまざまな物質に対し、正の走化性と負の走化性をとることが認められています。一般に微生物は、糖類、甘味をもつアミノ酸類、及びカツオブシに代表されるイノシン酸、コンブにふくまれるグルタミン酸などの旨味《うまみ》物質に正の走化性を、酸味や苦味《にがみ》に負の走化性を示します。

我々人間が好ましく感じる物質は下等動物にとっても好ましく、生体維持のため、自己に利益のある物質を求めて動きまわります。要するに人間の嗜好《しこう》と同じ味覚をもつと言ってもよいわけです。しかし、これら単細胞生物は人間と違い、味覚器や嗅覚器を分化した受容器としてもつわけでなく、体の表面全体で化学物質を受容する仕組みになっています。

我々の味覚は舌面上で知覚する感覚です。水に溶けた物質を味蕾《みらい》が感知し、延髄、視床を通過して大脳に伝わる二次感覚で五味の味（甘味・酸味・鹹味《かんみ》・苦味・旨味）を感じますが、働きは単純です。味を感じるのは確かに味覚に負うことは事実で、味を感知するのは味覚だけにあると思われるかもしれませんが、味覚はあくまで縦と横の平面的な二次元の感覚でしかありません。

私たちは、かつて栄えたであろう廃墟と化した神社仏閣の跡地に立っても、往時の建物をはっきりと窺い知ることはできません。そういった意味でも味覚だけでは立体的に食物の輪郭を理解することは不可能です。嗅覚により初めて三次元的な縦、横、高さという広がりをもって食物の味を感得できるようになるわけです。

匂いの感覚には直接嗅ぐ匂いと、鼻腔の真下を食物が通過するときに感じられる匂いがあります。嗅覚器は鼻腔の奥にあり、嗅神経は直接大脳に伝わる一次感覚で、気体状の物質を感知する鋭敏な限りない情報を伝えてくれる受容器です。

漂ってくるコーヒーの匂いと、口中で生じる匂いはまったく違って感じられ、後者をフレーバー（風味）とよんでいます。このフレーバーが食べ物の味の骨格を最終的に判断する要素であると私はいつも思っています。インプットという言葉は入力という意味です。刷り込まれるということは本能的な意味合いをもっています。味覚が刷り込まれるのではなく、香りが刷り込まれると言ったほうが適当でしょう。我々は食物を鼻で食べていると言っても過言ではありません。

味のあるものは必ず香りをもっています。

我々が母親に乳の匂いを感じるのも味覚として記憶しているわけでなく、匂いが焼きついているからに違いありません。味覚のかなりの部分が幼児期に決定されるといわれるのも、食物を香りの意識でとらえてきたからに相違ないのです。

五味の味は鳥獣虫魚でもわきまえています。しかしそこに香りという次元をそえて、言葉で理解し表現できるのは我々人間だけでしょう。

一般に私たちが好む食物の味とは、味の濃さや強さではなく、味の好ましさ、天然感といったものが大事な要因になっています。

たとえば濃縮された味の濃いものをおいしく感じるでしょうか。無果汁のジュースより果物をしぼったものをおいしく感じるのは当然でしょう。

香りは音楽でもありますから。味覚だけでは感じえない音階と旋律を奏でてくれます。ワインのテースティングにおける判断は、七割が嗅覚によってなされます。その部分を感じ取ることが食味の楽しさではないでしょうか。

タイには天然ものと養殖ものがありますが、アミノ酸組成や旨味物質の含有量はあまり変化はありません。それにもかかわらずどうしてあれほど味わいに差が生まれるのでしょうか。

その理由は、香りの違いしかありません。タイの脂肪に含まれる微量の香気成分がタイ本来の風味を決定するわけです。養殖ものにはその風味が望めません。その香りが私たちにとって良い香りかどうかが問題となってきます。もちろん香りの好みは人それぞれです。しかし、そこに食べ物の価値が生まれてくると考えるのは、私の独断と偏見とは断じえないと思います。

私たちを食の快楽へと誘う哲学は、香りに対する意識ではないでしょうか。

サザエは磯の香かおる緑色の味わい

私にとって香りとは、「いま、ここに」という時空間にゆらぎを与え、はるかな昔や過去の時空へと記憶をよび起こす力を与えてくれることにほかなりません。

過去へ導く要因は、さまざまな匂いをふくんで想起されるそのときの雰囲気なのです。〝栄螺《さざえ》の壺焼〟の匂いが漂ってくると、私の脳裏にはいつも磯の潮のざわめきや息吹が聞こえてきます。岩肌を打ち砕く波と飛沫、岩陰にうごめく小さな生き物たち、いつのまにか、ふと、海辺にいるような錯覚にとらわれている自分に気がつくことがあります。

サザエほど磯の香りを運んでくれるものはありません。

鎌倉の名勝稲村ヶ崎より西へ約四キロほどのところに江の島があります。

島の裏側一帯の岩礁地帯は、日本屈指のサザエの名産地でした。

男性的な握りこぶしほどもある納戸《なんど》鼠色《ねずいろ》の六階建の螺層《らそう》の周辺から、管状に鋭く、まるで突き刺すかのように細長くのびた二列の突起（角《つの》）、殻質は薄くて軽く、表面は苔むしたように藻におおわれ、芸術的な美しささえ感じさせてくれるのです。ひと目で江の島産であるとはっきり区別できるほど特徴がある逸品でした。

いまでも潜ればいるはずですが、市場ではここ二十年間見かけたことはありません。現在、特等の席を占めるのは伊豆下田に近い田牛《とうじ》の産で、江の島のサザエと同じような力強い形状をしています。色は蜜柑茶色《みかんちゃいろ》の苔におおわれて、殻の表面がツルツルすべるような感触をしているのが特徴です。

サザエは暖流系の巻貝で、北海道以南から朝鮮半島南部に分布し、特に外洋に面した海底の岩礁に付着し、主食は海藻類で、コンブ、アラメ、カジメ、ホンダワラ、テングサや石灰藻類を食べ、昼は岩陰にひそみ、夜行性で夜間に索餌します。

食べる海藻の質により味や殻の色が変わり、アラメを食べると白色がかり、テングサを食べると黒褐色になると言われています。

殻質は江の島産、田牛産は別として、一般的に厚く頑丈で、内側は鈍い真珠色をしています。開口部の蓋はヘタといわれ、石灰質で厚く、外側はいくぶん盛りあがり、ザラザラした細かい粟粒のような疣《いぼ》が密生しています。ヘタの内側は褐色で、通常四巻きの渦巻状、そこに足とよばれる肉がつき、足裏は煉瓦《れんが》色。縦溝で中央から左右二葉に分かれ、交互に動かしてかなり速く歩きます。足の奥は内臓で、砂肝があり、消化されない砂礫がつまっており、口に入れるとジャリジャリして不快です。末端にキモといわれる部分がありますが、これは生殖巣で、雌は暗緑色、雄はクリーム色がかった白色で、産卵期は六、七月、旬は三月で、桃の節句には供える風習があります。

外洋に面した波の荒いところに棲むものは角《つの》が長く、反対に、湾の穏やかなところに棲むものは「丸腰」とか「つのなし」とよばれ、角が非常に短いかまったくありません。

荒磯の岩礁にへばりついているサザエは、波の勢いをもろに受けますから、少しでも勢いを緩和するために角が長くなるのです。角が長くなると、衝撃が弱まることは力学的にも解明されていますし、殻が重いと当然岩にはりついていることが難しくなるため、荒磯のものほど、どんどん殻が薄くなっていくということは容易に推測できるのです。

サザエのさしみは、小ざっぱりした野趣ある味わいでなかなかのものですが、アワビの水貝（アワビのまわりについているザラザラした耳を取り、サイコロのようにぶつ切りにして濃い塩水のなかにサクランボやキュウリなどとともに入れ、その塩味で食べる）と比べると、深い味わいはなく、調子はぐっと落ちて感じられます。サザエの真骨頂はなんといっても壺焼に尽きます。

蓋の内側に貝むきを突き刺し、一瞬にして半円を描くように足の部分を切り離します。蓋がピタリと閉じているときは、殻を伏せて五分間も置いておくと蓋が下がってきますから、そのすきに貝むきを差しこめば簡単にはずせます。指先をまわすようにして残りの身とワタを取り出します。ワタにある砂袋に包丁を入れ、汚物を取り出します。適宜ぶつ切りにして殻のなかにもどし、酒と醤油で味を調え、火にかけます。あまり細かくきざむと壺焼の値打ちはありません。また酒と醬油にコンブを一切れ入れると一段とおいしくなります。

身と肝のつけ根に肉桂色のビラビラした外套膜《がいとうまく》があります。

よく「肝は苦《にが》いから嫌い」という人がいますが、サザエの苦い部分は、実はこの膜の部分だけで、きちっと取れば決して苦いということはありません。この苦みは海からあがったばかりならそれほど苦いものではありませんが、その後時間がたつにつれ、苦みが強くなってくるのです。壺焼にシイタケ、ギンナン、タケノコなどを入れる場合があるようですが、これは量を多く見せようとするだけのことで、感心しませんが、どうしてもというなら三つ葉を入れる程度にしたほうが、素朴な味わいのサザエには似合っています。

サザエ独特の磯の香りは、殻を焼くことによって出てくるわけです。ですから、二度使用しても、二度目はまったく磯の香りが感じられません。苦味が好きな人は膜を取らねばよいし、少々苦いほうが好きな人は半分ほど取って塩梅《あんばい》すればよいわけです。

アワビにしてもサザエにしても、名産地の鮮度の良いものは硬いということはありません。異常に硬いものは産地が悪いか輸入もので、反対に良い素材はふっくらしてサクッサクッと歯が入るものです。しかし、時間がたつにつれ、どんどん異常な硬さになっていくのは否めません。ちなみにアワビの肝は、苦味はまったくないといってよいでしよう。貝類の肝は総じて甘いものです。壺焼は、蓋をして火にかけ、ブクブクしてきたら十秒ほどで火を止めてかまいません。火を通し過ぎたものは旨味が出つくして萎《しな》びた味わいになってしまいます。もっとも、質の悪いサザエは火の通し加減を問わず、身が縮まって硬くなりますが、そういったものは角がなく、殻はセメントの塊のように重く厚いはずです。

殻が重いということはそれだけ目方が重くなるということですから、もし同じ目方のサザエならば、殻の薄いほうがそれだけ身も多く詰まっています。

たとえばアワビを選ぶ場合、私は必ずひっくり返して貝質を見ます。貝が厚いか薄いかは一目瞭然ですが、その他にフジツボなどがびっしり付着している貝質のものは、当然その目方も加わりますから高くつきますし、身肉も発達していません。このような貝質のアワビは九州、紀州のものに多く、名産地である房州大原のものにはほとんど見られませんし、貝殻は薄く滑らかです。同じ房州でも大原からたった一〇キロ弱しか離れていない御宿《おんじゅく》の貝質は、比べてみると大原のものより精彩を欠いています。ですから、塩蒸し（蒸しアワビ）を作る場合でも、大原以外の各地のアワビは蒸しをかけるとびっくりするほど身が縮んでしまい、大原産のようにふっくらとした仕上がりは期待できません。ちょうど輸入ハマグリを焼くと情けないほど貝のなかで縮こまるのと似ています。

サザエにしても、棘が長く、殻が薄く育つ条件は、潮の流れと生い茂る褐藻類の質の高さです。アラメ、カジメの味わいが棲む環境によってやはり違うのでしょう。そういった香り高い藻類を食《は》むサザエを口にふくむと、磯の香に包まれた緑色の味わいが感じられてなりません。

ヘミングウェイの鋭い味覚、カキは銅の味

マガキ（真牡蠣）は、縄文時代の日本人が食べた貝のなかで二番目に多いことは貝塚からも立証されています。生で魚介を食べない欧米でも昔からこの貝は生で食べる習慣がありました。デンマークには新石器時代の世界最大級の貝塚がありますが、ほとんどがカキ殻です。養殖も世界各地で行なわれており、紀元前一世紀に遡ってローマ時代、ナポリで養殖されたという記録が残っています。日本では延宝元年（一六七三）、今から三百余年前に安芸草津で、小林五郎左衛門が漁場に立てた竹の枝に幼生が付着する性質に着目し、養殖をはじめたのが最初です。

英語でマガキ oyster には close とか silent という単語を使った成句があるように、口の固い、秘密を漏らさない、非常に無口なという意味が込められています。しかもこの貝は物に付着すると一生動くことがありません。あくまで寡黙なイメージがついてまわります。先に「私は貝になりたい」という映画がありましたが、この貝こそマガキのことをさしていると思えるのです。

Oysters are only in season in the Rmonths. と言われますが、「Rのつかない月はカキを食べるな」というイギリスの諺で、日本でも「花見過ぎたら牡蠣食うな」という諺がありますが、要するに産卵期の生食は避けたほうがよいという意味です。

マガキはイタボガキ科の二枚貝で、日本各地に分布し、不規則な三角形で殻は左側が大きくふくらみ、この部分で付着します。殻を見ると、ふくらんだ殻の蝶番《ちょうつがい》の部分でそこだけまわりの色と違って真っ白い場所がありますが、ここは付着物からもぎ取った跡です。右側は小さく側扁し、殻の表面は板状に成長脈があり、黄白色で紫みを帯びた縞《しま》があります。川などが流れ込む塩分濃度の薄い海域に棲み、潮間帯の岩礁に付着し、主として植物性プランクトンを摂ります。各地で養殖が行なわれており、主産地は岩手県、宮城県、広島県です。広島産は粒が大きく身はふっくらとした白色です。岩手、宮城産は中型で青黒い部分が多く身は締まって硬く、海の香りが凝縮しているように感じられます。

志摩半島安乗《あのり》崎の北に位置する的矢湾産は、的矢ガキといわれ、珍重されています。石から掻き落とすところから、あるいは殻を掻き砕くところからカキと名がつきました。『日本山海名産図会』（木村蒹葭《けんか》堂《どう》、寛政十一年、一七九九）に、「石に付いて動くこともなければ雌雄の別もなく、皆牡《おす》であるから牡《ぼ》蠣《れい》という。蠣とはカキ類の大さいものをさし、石に付いて磈礧《かさなり》つらなって房のようになることを蠣房《れいぼう》という」と書かれていて、牡蠣の字を説明しています。磈礧とはかたまりを意味します。

　実際カキは雌雄同体で雄性先熟であり、精巣と卵巣が同居していますが、産卵期になると雄が先に成熟し、後に雌が成熟します。巻貝のアワビやサザエのように雄の肝は白色、雌は暗緑色をしているのと違い、二枚貝は雄・雌のどちらの性が強くても白色で判別することができないため、蒹葭堂はすべて雄だと勘違いして牡の字を当てたのでしょう。


　イタボガキ（板甫牡蠣）は大形のカキで、扁平で円形に近く、表面は灰褐色で檜《ひのき》の皮のような成長脈があり、ここに紫褐色の薄い板状の殻皮が屋根瓦のように全体をおおっています。身肉は多量にあり、秋から賞味されますが、夏に食べる地方もあります。

　イワガキ（岩牡蠣）は長円形で、殻が特に厚く貝を割るのに苦労します。表面は鉄紺色に近く檜皮《ひわだ》のように見え、特に殻高が高く、放射脈はありません。旬は夏で、ナツガキともよばれます。

　イタボガキやイワガキはマガキに比べると甘味も冴えもなく、潮の香もぼやけた味わいで、風味に乏しく、私には調子の高さが感じられません。マガキの海をのみこんだような香りは期待できないでしょう。

カキは「海のミルク」といわれるように栄養価も高く、肝臓の働きをよくするグリコーゲン、コレステロールを抑えるタウリンに富んでいます。その他、鉄、亜鉛、脂溶性・水溶性ビタミンを網羅的にふくんだ完全食品です。

ちなみにタウリンを二番目にふくむ貝はミルクイですが、非常に高価で一貝《いっぱい》三千円以上する場合もありますから、カキのほうがずっと経済的です。また亜鉛は成人男子にはなくてはならぬ不可欠の物質で、タイラギ（タイラガイ）にもたっぷりとふくまれています。

東洋人の好むクニャクニャした軟体動物を欧米人は嫌いますが、カキだけは別です。しかし西洋のカキは、私には大味に感じられるイタボガキが主流です。ですから、風味に欠けるほうが彼らには食べやすいのかもしれません。

拙著『魚味礼讃』のなかで、私は「シビマグロは血の香り」、「アカガイは鉄の味、鉄のにおいがする」と書きましたが、『老人と海』の著者ヘミングウェイはカキについて、「かすかに銅の味がする」と書いています。鋭い彼の味蕾の感性を私は驚きにも似て感じ取ることができるのです。

味わいのなかには金属味というものがあります。元来、味覚は化学的な刺激か電気現象という形で伝わる系統です。たとえば鉄分を多くふくんだ水を飲んだとき、みなさんは歯が浮くようなえぐ味のある金気臭《かなけしゅう》を感じたことはないでしょうか。新しい銅貨をなめた経験のある人はピリッとした酸味を感じたことがないでしょうか。銅貨をなめると唾液中に小さな電池が形成されて、微弱な電流が流れます。しかも陽極が触れたときは酸味を呈し、陰極が触れたときは苦味を誘発するわけです。細胞にふくまれる無機化合物の多くは塩類として水に溶けていますが、なかには炭素をふくむ有機化合物と結合しているものもあります。

Fe（鉄）をもつヘモグロビンは、脊椎動物及び一部の軟体動物（アカガイ、サルボウなど）の赤血球中に存在し、酸素運搬の役目をする呼吸色素タンパク質です。Cu（銅）をもつヘモシアニンは、節足動物、及び軟体動物の血漿中に存在する血青素の呼吸色素タンパク質です。カキにも目に見えない血が通っていて、特にCuを多くふくみます。人間の味覚は味蕾から味細胞までは数量的に、ここから大脳に伝達される味神経は計数的に、そして大脳皮質では再び数量的変化として感知される仕組みになっています。

ヘミングウェイの繊細な味覚は、確かに微少な銅の電流を感じたに違いありません。

ホヤに漂う樟脳の香り

奇怪でグロテスクな様相のため、非常に気味悪がられ、貝なのか、カイメンのような水棲動物なのか判断しかねて尻ごみする人が多いようです。もっとも、二百年以上前に、生物分類学の父といわれたリンネさえも誤ちを犯した生物がマボヤ（真海鞘）です。鞘とは刀剣の刀身を入れる細長い筒のことですが、ただ単に筒形のおおいのことも指します。ちょうど海のなかの筒形のおおいと古人は見たのでしょう。「老海鼠」とも書かれていますが、年老いたナマコという意味です。また、ホヤとは、その形がランプの火屋《ほや》（ランプ灯の火をおおうガラス製の筒）に似ているところから付けられた名前です。

ホヤの面相は哀れを誘います。

体の一端が岩礁などに固着して繊維質の根が生えています。外皮はセルロースに似たツニシンという物質からできています。硬くて厚い皮のようで色は朱く、しかも疣状の突起物が大小不規則に付き、およそ体長一五センチ、直径一〇センチの卵形です。

呆けたように舌を出しているバカガイの雅名を「青柳《あおやぎ》」と言うように、産地の人々は

「海のパイナップル」とよんでいますが、一般の人は好ましい果物とはほど遠いイメージを抱いているのが現実のようです。実際は食べ馴れると病みつきになるのは他の珍味と同じで、食は学習効果が大事だということがよくわかります。

ホヤは得体《えたい》の知れない動物ではなく、かなり高等な部類に入り、原索動物尾索綱ホヤ目という立派な肩書きをもっています。原索動物とは脊索とよばれる背骨状のものをもつ無脊椎動物で、魚、鳥、牛、豚、人間までふくむ脊椎動物に最も近いグループです。雌雄同体で、産卵期は冬、孵化した幼生はオタマジャクシの尾の付け根をもっと細くした形状で、目、背骨にあたる脊椎（尾の部分）をもち、海中を泳いでいます。口のすぐ横に付着器官があり、やがて岩礁などの付着物にくっつきます。変態が始まると目はなくなり、口も二つに分かれ、入水孔の繊毛で海水を取り入れ、植物性プランクトンや有機物を索餌します。そして、もう一つの出水孔から排泄物などを出すようになり、脊索も消えてなくなります。私にはホヤの形がパイナップルというよりも手榴弾《しゅりゅうだん》のように見えて仕方ありません。

三陸、男鹿半島以北に多く分布。北のものほど浅場に、南にいくほど深場に棲息し、形も少し違ってきます。ホヤの産地は三陸の宮古湾、山田湾などに多かったものの、最近は天然ものが少なくなり、幼生が着床する性質を利用して、気仙沼湾、船腰湾で養殖が盛んに行なわれています。『延喜式』に「交鮓《まぜずし》にして貢献した」「参河の国の保夜一斛《いっこく》」と書かれているように、平安時代には食用とされていますが、当時は醬《ひしお》にして朝廷に送ったのではないでしょうか。

ホヤの調理法は簡単です。まず孔のところを切ってなかの海水を出します。この海水は捨てません。さらに厚い外皮に包丁を入れ、切り開きます。なかに火屋の形をした枇《び》杷色《わいろ》の身がありますが、この皮を根のほうから上端に向かって引っぱるようにはがし、内臓を除いて水洗いしてこの筋膜《すじまく》を食べます。旬は初夏。「ホヤは藤の花の咲く頃から味がのる」とか、「ホヤは胡瓜《きゅうり》とともに肥える」と言われるように、夏の味覚です。ホヤのなかから取り出した海水に酢やわさびで調味し、胡瓜をそえて食べると、入りくんだ海岸線を撫でつけるようにわたってくる潮の匂いが想い出されてくるのです。

ホヤの塩辛も酒徒にはたまらない肴《さかな》です。海の青っぽさを凝縮した匂いが感じられることでしょう。

含有成分もグリコーゲンはカキの倍近く、タウリン、プロリン、グルタミン酸を多くふくみ、強精効果も豊かです。「保夜」――夜を保つとはどういうことかわかりませんが、精力がつくという意味かもしれません。

小魚の価値は鮮度であることは言うまでもありませんが、特にホヤは鮮度がものを言います。

嫌われる食品のなかに鮒《ふな》ずし、クサヤ、魚醤などがありますが、ホヤも例外ではありません。その理由は水揚げ後、数時間で生成されるオクタール、シンチオールに原因があります。それがホヤの特異な臭いの原因になるわけです。

芳香成分を薄めてゆき、かろうじて臭いを感知できる限界の濃度を閾値《いきち》といい、臭いの単位として使っています。そして、閾値が低いほど鋭敏に知覚できます。香水の原料なども閾値が低いほど価値感が高くなります。麝香《じゃこう》や霊猫香《れいびょうこう》はそのままだと頭痛が起きるほどの悪臭ですが、千分の一以上に薄めると、官能的な匂いとなるように、ホヤもかすかな香りの場合はなんとも言えない良い風味といえます。

匂いは心理、生理状態、あるいは過去の記憶と結びつくため、一度嫌な印象を受けるといつまでもその印象をぬぐい去ることができません。最初に経験した食物の味が偽りのものであった場合、その人の一生の〝食〟にとって悲劇となることは否めません。食物の美味しさとは自らの好みと合った場合が〝美味しい〟のであり、他の人の好みに合うかどうかということとは別の次元の話です。その判断を最終的に個々の大脳が下すわけです。ホヤにしても、とれたてのものは人が言うような臭いではありません。おそらく生鮮な香りと感じるのではないでしょうか。

唐僧鑑真《がんじん》は不屈の精神で、天平勝宝六年（七五四）に遣唐使の回船で仏教布教のために来日し、仏典とともに薫物《たきもの》の法も伝授しました。我々は初めて体験する異趣な香りに精神が昇華されるような想いを経験することがあるはずです。

鑑真のもたらした香草は三十二品あり、そのなかに婆律香《ばりつこう》なるものがあります。一種の樟脳《しょうのう》油様のものらしく、調合の仕方によって当時の日本人に沈香《じんこう》・檀香《だんこう》のような強烈な印象を与え、仏教の深遠さをさらに奥深く感じさせ、魅了したに違いありません。

とれたてのホヤの香りの奥にかすかな楠《くす》の木の匂いを感じ、時間のたったホヤにどくだみ臭を感じるのは、私だけではないでしょう。

西施の舌とミルガイの不気味な棒

アサリ（浅蜊）やハマグリを潮椀《うしお》にして酒の肴にすることがあります。私はいつも黒《くろ》漆《うるし》の椀で一貝《いっぱい》ずつ口に運びながら酒を汲むのですが、椀のなかの貝を食べおわると、静まりかえっている黒い椀の底の白濁した液体をしばし覗きこむのが癖になっています。目をこらすと、時折り寄生虫と間違えられそうな不思議な感じのする小さな透明な棒を発見するのですが、みなさんはそんな経験をしたことはないでしょうか。

この不思議な棒は二枚貝に広く見られ、特にバカガイ科にはっきりと認めることができます。

バカガイ科にはバカガイ（青柳）、ホッキガイ（姥貝《うばがい》）、ミルガイ（海松喰《みるくい》）などがあります。

アオヤギの腸を取り除く際、必ず一・五センチほどの弾力のある寒天質の透明な棒が、ピョンと出てくるのに気づいた人がいるはずです。ホッキやミルガイの斧形の足を開くと、三、四センチもあるアオヤギよりもっと弾力のある固い棒がビョーンと飛び出してきて、初めて調理する人は、この得体が知れないものの出現に必ず面喰うに違いありません。

私も店を手伝い始めた頃、「これは一体何だろう」といつも訝《いぶかし》く思ってきましたし、多くの人に聞いたものですが、「これはオシッコをする器官だ」などと、今思うとずいぶんといいかげんなことを言われたもので、誰も答えを教えてくれませんでした。口にふくむと寒天よりやや硬いコリコリしたゼラチン質の歯ざわりとかすかな潮の匂いを感じさせてくれるのです。

肉食性の巻貝は、歯舌といって口のなかにそなわったやすりのような歯をもっています。ちょうど、ネコがザラザラした舌でなめるように食べ物を掻き取って食べるわけです。少数の尖った大形の歯が数個、横一列にならび、さらに縦に何十となくつながっているのですが、プランクトンや有機物片を食べる二枚貝には、このような歯がありません。

二枚貝の場合、鰓《えら》で濾《こ》された餌は口から食道に入り、さらに胃のなかにおさまります。消化されない大きなかたまりは腸から出され、小さいものは中腸腺という場所に送られます。中腸腺は胃の左右にある大きな褐色の塊で、よく肝臓とか肝膵臓とか言われていますが、正しい名称はありません。私たちが「貝の腸はうまい」と絶讃しているのがこの部分で、貝の種類により種々の味わいがありますが、海をのみこんだような豊饒《ほうじょう》な味わいを感じることでしょう。

中腸腺のどんづまりの細い管に入った食べ物のかけらは、消化酵素によって消化吸収され、栄養となり、残りは体外に排出される仕組みになっています。

蛔虫《かいちゅう》のような棒は、貝の足を開くと胃のあたりから出ているのがはっきりとわかります。この棒の名前を杆晶体《かんしょうたい》といいます。「杆」とは「桿」と同じで、〝てこ〟とか〝棒〟という意味です。胃のなかにおさまり、繊毛によってぐるぐると回転させられています。虫メガネで見ると、先端は胃楯《いじゅん》というキチン質の、ちょうど扇風機の羽を二枚にしたような透明な形をした部分に当たっています。「キチン」とは、肌着という意味のギリシャ語キトンから名づけられたもので、昆虫類や甲殻類などの体表をおおっている物質のことをいいます。アカガイやホタテガイの腸を生で食べると、口に当たる小さな粒のようなものがありますが、これが胃楯です。アサリやハマグリにも当然ありますが、小さくて口に当たるほどのものではありません。

胃のなかの食べ物は、杆晶体の回転につれて掻きまわされ、杆晶体の先端が胃楯に当たります。そのため杆晶体の先端から溶け出した物質と混ぜ合わされ、中腸腺に運ばれて消化されるわけです。物質とはアミラーゼやリパーゼです。アミラーゼはデンプンを消化し、リパーゼは脂肪を分解する消化酵素であり、透明な棒は摩訶不思議な物体などではありません。

これを集めて酒の肴にする苦労を考えれば、珍味中の珍味に入れてもおかしくなく、胃腸にとっては健康食品かもしれません。

ホッキガイの標準和名はウバガイです。寒海性の貝で、殻は丸みのある三角形で、旬は真冬です。銚子以北、富山以北に分布し、築地市場には殻付きのまま入荷しますが、西の地方では見られません。昭和三十年代中頃、北海道から航空便で毛ガニを引く（取り寄せる）業者がいて、ついでにホッキガイも店に売りにきていましたが、当時は毛ガニやホッキガイは都内でも珍しく、店でも人気が高いようでした。

殻は淡褐色で、薄く小さいものと、北へいくほど黒色の厚い大きなものがあります。足の先の部分は薄紫色で大きなものほど鉄紺色を呈し、味わいも深くなってきます。

アカガイのように若い娘を連想させる色彩がないことから、「姥貝」という字が当てられたのでしょう。もっとも、この部分は熱を加えると真っ赤になります。ベーリング海などでとったものを開き、湯がいて船内加工し、冷凍してスーパーなどで売られているものがありますが、香味はなく、似て非なる味わいです。ホッキはゆでておいしいものではありませんが、日持ちするのは事実です。

ホッキガイほど強い甘味を訴える貝はありません。ホタテガイの味わいとは違った、もっとネットリした蜜のような濃さがあり、かすかにホヤを想わせるような青臭さが感じられるのです。

貝は焼くとおいしくなります。青臭さは消え、甘味も一層ひきたちますし歯ざわりも快調なテンポが出るように思えるのです。

真冬に作る干し貝は奇麗に仕上がるもので、ホッキの上干し品は酒の肴にうってつけですし、お椀にしても品の良いだしがとれます。昔は鹿島灘産のものが市場に入荷していましたが、最近はほとんど見られません。私は時折り、自分で作って香味を楽しんでいます。貝の干物には魚と同じように、生干し、中干し、上干しがあります。ホッキガイの場合は、二つに切り離さないように開いて腸を取り、塩水で湯がいて紅の色彩を出して干し上げた、要するに煮て干した煮干で、カチカチになるまで干し上げた上干し品です。

主な消費地は甲斐《かい》（山梨）の国でした。甲府には名物のアワビの「煮貝」があります。アワビの身を生醬油で煮しめたもので、江戸時代、駿河の国沼津あたりで作ったものを馬の背にゆられながら運ぶうちに、ちょうど醬油を噛んでほどよく味が馴じんだといいます。新鮮な魚介の手に入らない地域の知恵で、「ホッキの煮干」にしても、かなり高価なこの干し貝のなかに秘められた旨味を十分に引き出す貝料理を見出していったわけです。

中国料理でも、アワビの乾燥品である乾鮑《カンパオ》や、タイラガイを乾した紅揺柱《ホンヤオチユウ》は高級な食材であり、いかに干し貝のなかに豊かな味が宿されているかという証明でもあるのです。

見るからに滑稽というか、グロテスクな貝にミルクイがあります。海松《みる》は緑草類ミル科、茎は暗緑色の円柱で分岐を繰り返して扇形に広がる海藻で、浅海沿岸などに生えています。

この海藻がミルクイの水管の先に付着して芽生えているものが多く、ちょうどミルクイが海藻を食べているように見えるところからついた名前です。すし屋ではミルガイといったほうが通りがよく、昔はどのすし屋でもお目にかかれたものですが、最近は品薄で紛《まが》い物が幅をきかせているのが現状です。

ミルクイは、北海道から九州まで分布し、湾内の浅い砂泥地に多く、今でもわずかに入荷しますが、東京湾では富津《ふっつ》沖のものが絶品です。殻の色は黄褐色から暗褐色を呈し、卵形で殻の後端が開き、そこから暗褐色の太く逞しいものをニューッと出しています。鮮度抜群のものなどは、まな板の上に置くと、毛まで生やした水管が、象の鼻のようにのびたりちぢんだりしながら何か匂いを嗅ぐかのように鼻先をもたげ、右に左に動く様を見ていると、こちらのほうが恥ずかしくなるというか、コンプレックスまで感じさせるたいへんな貝があったものです。食べる際はこの鼻のような部分をサッと湯がき、黒い表皮を剝きます。体裁と味とはまったく別ものです。潔い歯ざわりと豊かに広がる潮の甘みは貝のともすれば独特の香りを主張するなかでも、最も調味のとれた味感があります。最近出回っているミルクイの偽物にナミガイ（波貝）があります。市場では「シロミル」とよばれていますが、ミルクイとは別種です。顔を出すようになって二十年もたつでしょうか。殻は丸みのある長方形で薄く白色で、粗い波状のしわがあり、後端からミルクイよりもっと長大で皮の薄いグロテスクなものを出していますが、動きは緩慢で味も風味もなく、ミルクイの比ではありませんが、相場が安いために安直に使えます。ナミガイの近縁種にアメリカナミガイがあり、冷凍で北アメリカなどから輸入され、中国料理の食材やすし種になっていますが、何か異様な臭気があり、食指は動きません。

中国人はフグの白子に「西施乳《せいしにゅう》」という字を当てています。中国の歴史上の美女の乳にも似た味わいという意味です。貝原益軒の『大和本草』（宝永六年、一七〇九）はミルクイに「西施舌」という字を当て、『水産図解』（明治二十二年刊）にも記されていますが、西施の玉をころがすような舌にも似た甘い官能的な味わいを感じたからにちがいありません。

しかし、私に西施の舌のような甘美さを感じさせてくれるのは、水管の部分ではありません。二枚貝には舌とよばれる斧形の足の部分がありますが、まさにこの部分に私は西施の艶めかしい味を感じるのです。しかし、この部分が最も充実して豊かな味わいを感じさせてくれる季節は、一カ月足らずしかありません。

飽食の貧困のなかで絶えてゆくハマグリ

学校からすっ飛んで帰り、ランドセルを階段の下に放り投げ、シャリ炊きの店の女中さんに丼飯をよそってもらう。いつものように丼半分に揚げ玉を盛り、残る半分に大根の葉っぱのぬか漬けを細かく刻んでぶっかけ、揚げ玉にドロッとしたソースをかける。カリッとした揚げ玉がしんなりするのを憂いながら、一気に飯を口に放りこみ、さらにぬか漬けの盛られた飯をかっこみ、ギトギトした口元と水っ鼻をそでで口でぬぐう。服のそで口は、どれもこれもこの動作のためにいつもテラテラと光っていた。

「どこへ行くの」と母の声がはるか後方で聞こえたときは、もう店の横丁の角を曲がっていた。

幼い頃は、本当によく遊んだものでした。浅草寺の本坊である伝法院には、小堀遠州作と伝えられる大層立派な名庭園があり、今では勝手に入ることはできませんが、当時は自由に出入りすることができましたし、私の遊び場でもありました。大きな鬱蒼《うっそう》とした木々に囲まれた池があり、コイ、フナ、アメン坊、ザリガニ、スッポンまでとり、はてはザリガニの殻を剝いて、店で売っている〝クルマエビの踊り〟などと偽称して、平気で友だちと口にしたものですが、当時はジストマというものの知識もなく、今思うとゾッとすることも少なくありません。

その当時、浅草界隈では、屋台引きの〝どんどん焼〟屋が街を流していましたが、遊び呆けて腹がへると、よく食べたものです。どんどん焼とは、〝もんじゃ〟と同類のような食べ物で、下町のたいていの駄菓子屋の店の奥では、焼き台の一つか二つくらい置いて、老婆が子供相手に売っていたものです。水でゆるく溶いた小麦粉に、切りイカ、干し桜エビ、牛のひき肉を砂糖や醬油で味つけしたものをわずかにそえ、イカ天、エビ天、牛天と称し、五円くらいで食べられた粗末な食べ物でした。しかし、この粗末さが旨かったのです。最近は〝お好み焼〟と言葉を変えているようですが、そもそも上品な食べ物ではなく、屋台で商うスナック食品（そういえばすしもてんぷらも同じですが）であって、身奇麗に飾られても困るのです。私にとっては上品であってはいけない食べ物でした。ほとんど具など入っていないうどん粉の塊の上に、仕上げにパラッと青のりを乗せ、屋台の親父はそこにソースをベッタリ塗ってくれて、直接新聞紙にくるんで手渡してくれましたが、インクの匂いのしみついたどんどん焼は、今でも私の記憶のなかに香っているのです。

日もとっぷり暮れ、浅草六区の映画街にネオンが燦然《さんぜん》と輝く時間になると、いつも頭のてっぺんから足の先まで真っ黒になって家に帰り、よく叱られたものでした。

小さい頃の忘れられない食べ物はいくつかあるものですが、それは味というよりも匂いの記憶が焼きついているからに違いありません。

祖母はよく潮干狩《しおひがり》に連れていってくれました。雷門から「ゴーッ」という地響きを立てながら走る都電に乗って押上《おしあげ》へ出て、そこから京成電車に乗りかえ、海水浴場へ行ったものです。行き先はいつも稲毛海岸でした。その理由はここでしか食べられない食べ物のせいでした。

当時の駅は、今でいうローカル線の無人駅に屋根だけつけたようなかなり粗末なもので、浅草からみれば、ずいぶん田舎にきたな、と感じるような素朴な佇まいを見せていました。駅に降り立つと、まぶしいばかりの黄色いひまわりの花が、私の背丈よりずっと上のほうで空に向かって背のびして咲いていましたし、足元にはハマエンドウが赤紫色の花弁を風になびかせ、浜風をはらんだ土の匂いを漂わせていたものです。

電車が行ってしまうと、線路を横切り、祖母を振り返りもせず、勝手知ったる海岸への道を突っ走って行くのが常でした。

しばらくすると、かすかにラードの匂いが漂ってきて、ポツンと一軒だけ寂しそうに立っている肉屋の前にいたものです。

店の主人に、いつも注文して揚げてもらうのは、小粒のハマグリの身を五、六個串ざしにしてカラッと揚げたフライでした。熱々を何本か平らげる頃、祖母はやっとたどりつき、今思っても信じられない安い代金を払うのですが、ラードの香りとハマグリの潮の匂いの混じりあった風味が、今でもはっきりと脳裏に焼きついて離れません。

懐しさに時折り、自分で作ってはみるものの、往時のような粘液につつまれた東京湾のハマグリを手に入れようもなく、鹿島灘産で代用して食してみても、私の記憶は蘇ってはこないのです。それほど東京湾千葉県側のハマグリは素敵な風味を宿していましたし、形も独特のものがありました。

ハマグリは「浜栗」と書きますが、古人は砂浜にある栗と見立てたのでしょう。貝塚から最も多く貝殻が発見されるのを見てもわかるように、貴重な食用であったわけです。

ハマグリは、北海道を除く我が国に広く分布していますが、本来、内湾性の二枚貝で温暖地方の淡水の流入する遠浅の河口に近い海域の砂泥地に多く、水管を海底に出してもぐっています。昔から勢州桑名、紀州和歌浦、江都品川が名産地とうたわれ、外洋性のハマグリと違い殻の表面は特に滑らかでツルツルしていましたし、さまざまな目を見張るような美しい模様をしており、いつまでも見飽きることはありませんでした。雛祭りにサザエと共に供える風習も古くからありましたが、この貝の旬を言いあてているようです。日本にはもう一種、チョウセンハマグリという種類がありますが、これは朝鮮原産という意味ではなく、外洋性のハマグリで、内湾性のものと違いかなり大きくなり、殻も厚く、身は硬く、風味に欠ける欠点があります。殻は高級な白の碁石の材料となっていますが、私はまだそんな大きな貝殻を見たことがありません。

最近出回っているものにシナハマグリがあります。ハマグリに似ていますが、殻が丸くふくらんでおり、日本には分布せず、朝鮮半島から輸入されています。風味はまったくありませんし、焼くとびっくりするほど縮んでしまいます。

『源氏物語』にも出てくるように、貝殻は、昔から「貝合わせ」という上流階級の女性たちの遊びに用いられていました。

殻の内側に金銀泥漆で花鳥人物を描いたり、錦繡《きんしゅう》や綾羅《りょうら》で装飾した豪奢なもので、三百六十片の貝殻を左右別々に分け、蝶番が同一のもの以外では決して合わないことから、二枚の貝を合わせ、その数を競う遊戯でありました。ちなみに幼い頃の私の貝の遊びといえば、殻頂の厚い部分を相手の貝の薄い部分にかわりばんこにぶつけ、割れたほうが敗けという単純な遊びでした。

日向《ひゅうが》碁石は、ハマグリの貝で作った白石で、しかも十年ほどたった殻から作られますが、宮崎県日向が多産で、ここにハマグリにまつわる伝説が残っています。

昔々、一人の旅の僧が日向市にある平岩村という海辺にさしかかった。腹のへっている僧は、おかねという老女がハマグリをとっているのを見て、「とれるか」と尋ねると、老女はハマグリを恵むのが惜しくなって、代わりに石ころを見せた。僧はそのまま通り過ぎ、また別の浜でおくらという老女に会い、先ほどと同じ質問をしたところ、ハマグリを見せ、僧に分け与えた。僧は老女の正直さに心うたれ、「この浜を小倉ヶ浜と名づけ、いつまでもハマグリがとれるように」と言い残し、去っていった。それ以後、この地方では小倉ヶ浜以外でハマグリはとれなくなった、という話で、この僧こそ弘法大師であったと言われています。現在ではほとんどとれなくて高価なものになってしまい、碁の白石も輸入に頼っている有様です。

ちなみに碁の黒石は、和歌山県那智川に多く産する那智黒という黒色の緻密な粘板岩ですが、この石も白石同様、ほとんど見られなくなってしまいました。

東京湾のハマグリにしても、昭和三十年代後半から四十年前半にかけて絶滅し、私の幼い記憶に焼きつけられたハマグリはありません。もし他の地域から移植することが可能であったとしても、それは古代から悠久の歳月を培って育ってきた東京湾種のハマグリではありません。東京湾に棲息するハマグリと伊勢湾のハマグリは、同じように見えても種が違いますし、商売人の目から見れば、味わいや風味はまったく違うもので、それは一目瞭然であり、天然素材の良さというものが食材のみに限らず、どんどん絶えてゆくことに「飽食の豊かさ」などという言葉の裏で、いかに食の実態が貧困になっているかということを痛切に思い知らされます。

どこまでも続く遠浅の海と、私の心のなかに去来するハマグリ、潮の香りを濃縮した絹のようにミルキーな風味はどこへいったのでしょうか。

環境を破壊することが「飽食の貧困」という非人間的な現実を造るという事実に、将来を危惧してやみません。

海酸漿《うみほおずき》と環境ホルモン

毎年、七月十日を四万六千日といい、この日、浅草観音にお参りすると、四万六千日分お参りした功徳があり、一升のお米が四万六千粒あるように、一回のお参りで百二十七年半の御利益があるという結構な結縁日《むすびえんにち》です。

江戸時代には境内で雷除けにトウモロコシが売られていましたが、いつの頃からか、よしず張りのほおずきを売る店が並ぶようになり、「ほおずき市」とよばれるようになりました。

風鈴《ふうりん》のついた千成ほおずきは、下町浅草の夏の風物詩として人気があり、浴衣《ゆかた》姿に素足で下駄の若い娘さんを見ると、なかなか粋《いき》なものですが、この頃の若い人は着こなしが下手というよりは足が長すぎるのでしょうか、ちょうど外国人が着物を着たときを想像すれば合点がゆくように一寸奇異に感じることも度々です。

ほおずきはナス科の多年草で、高さ六〇～九〇センチくらいになり、夏になると黄白色の小さな花が咲き、実は球形で萼《がく》に包まれて赤く熟し、子供のおもちゃとなっていますが、本来、薬用とされたものです。この実をもみほぐし、花托のところに小さな穴を開け、なかの汁を絞り出し、その穴を下唇にあて、上唇で押しつけるようにして、「ブビィブビィ」と音を出して遊んだものですが、小さな穴からなかの液体を出すのが難しく、よほど丁寧にもまないと皮が破け、なかなか上手に作ることができませんでした。ほおずき市では、このほかに海酸漿を売る店も多くありました。夏の海水浴場や夏祭りの夜店には欠かせないもので、赤、黄、紫に染めて売られていましたが、最近はほとんど見かけなくなり、今年は一軒か二軒の露店が出ていただけで、心の奥にある昔の懐しい物がどんどんなくなっていくようで淋しく感じられてなりません。

妹が口　海酸漿の　赤きかな　　虚子

紅の染料が落ち、薄桃色の唇のまわりを赤く染めた様子をよく表わしている句ですが、この句を読むたびに、ゆったりと時が流れていた過去に誘引されてなりません。

海酸漿には種々な形があり、軍配の形をしたグンバイほおずき、薙刀《なぎなた》のような形のナギナタほおずき、普通一般にいうアワほおずきがありますが、この袋状の皮に小さな穴を開け、ほおずきと同じように鳴らして遊んだものです。

子供の頃の遊びにベイ独楽《ごま》があります。ベイとは貝《バイ》の訛《なま》った言葉で、本来はバイ独楽です。バイの貝殻に溶かした鉛を流しこんで作った独楽のことであり、後には、その形に似せて鉄で作った小型の独楽のことを言うようになりましたが、バケツの上に盆茣蓙《ぼんござ》を敷き、中央を少しへこまして、そのなかに勢いよく回した独楽をぶつけ合って優劣を競った遊びで、一日中飽きることはありませんでした。

バイとはエゾバイ科巻貝のことをいい、日本近海に百種類が知られています。螺《つぶ》とは巻貝の形が壺を連想させるところからついた名前です。深海性のものから、潮間帯二〇メートルくらいのものまでいますが、多くは深海性で食用とします。漁法はツブ籠、バイ籠漁といわれるもので、巻貝の鋭い嗅覚を利用した方法です。巻貝には嗅検器という腐った魚肉などの臭いを嗅ぎ分ける鋭敏な器官があり、ふだんは砂泥のなかに水管だけ出していますが、この臭いを感知するや否や、むくむくと一斉にはい出してきます。籠のなかに魚の頭や死んだカニなどを入れ、海底に二、三日入れておくと群がってくる肉食性の習性を利用した漁法です。いつぞやテレビの画面でこの映像を見たことがありますが、条件反射のように行動する光景を見て、習性とは恐ろしいという印象を植えつけられたものです。

富山湾はバイの種類が多く、エッチュウバイ（越中貝）は代表的なもので、二〇〇〜

五〇〇メートルの深海に棲み、殻は灰白色で淡黄色の薄い皮をかぶり、シロバイともいわれ、軟体部は白く点々と黒斑があります。

塩ゆでし、薄い蓋を取り、楊子《ようじ》で刺しておいて、貝のほうをくるくる回しながら身を取り出します。このとき、決して楊子に力を入れて抜く動作をしてはいけません。そうすると肝が途中で切れてしまう場合があるからです。

観察力の鋭い人は、何個か食べているうちに「オヤッ」と気がつくことがあるはずです。それはかなり大きな細長い管のようなものが胴体に張りついているものと、ないものがあるからです。わかりにくい理由は軟体部と管の色が同一だからです。通常二枚貝は海中で受精し、幼虫となりますが、エッチュウバイは雄と雌が交尾をしてメスの体のなかで受精します。そのために雄は交接器をもたねばなりません。雄は背の上に大きな陰茎をもっているのです。

このような種類の巻貝は、何個かの受精した卵がゼラチン状か、あるいは皮のように丈夫な卵にはいって産みつけられるわけで、海酸漿は植物でもなければ海藻でもなく、実は種々の巻貝の卵嚢なのです。グンバイほおずきはテングニシ（天狗螺）、ナギナタほおずきはアカニシ（赤螺）、アワほおずきはバイの卵の袋というわけです。

巻貝の激減により海酸漿の姿も見られなくなりました。

バイには浅海性の紫褐色の斑点のある硬い殻をもつアズキバイ（小豆貝）、俗に市場ではクロバイとよばれるものがありますが、深海性の巻貝とは味わいが違います。深海性のものは肉厚でむっちりしてやわらかく、甘味もありますが、風味に欠け大雑把で少しだらしない雰囲気が私には感じられます。

反対に浅海性のものは、肉が硬く緻密で噛むたびに酸味を帯びた甘いエキスが滲み、潮の高い香りが漂います。

市場の相場も、白バイはキロ二千円弱で、クロバイはキロ四千五百円となっていて、クロバイの漁が少ないことがうなずけます。

原始的な巻貝であるアワビ（鮑）やサザエ（栄螺）のような藻食性の海藻の味わいとは違い、シロバイやクロバイには、何か濃密な秘肉の味わいが伝わってくるのは、私だけの感覚ではないでしょう。

最近よく環境ホルモンという言葉を耳にします。ホルモンとはギリシャ語を語源とし、「刺激する」という意味です。環境ホルモンは「外因性内分泌攪乱化学物質」とよばれ、正常なホルモンの作用を阻害し、生殖能力に異常を訴えさせる化学物質で、女性ホルモンに似た作用をするものが多いそうです。

ホルモンとホルモンは結合することで生体反応を起こします。結合するにはレセプター（受容体）が必要で、歯車の歯のようにピッタリ組み合います。環境ホルモンは、本物のホルモンではないのにこの歯車の歯と結合できてしまう溝をもっているのです。そのため本物のホルモンが歯車と噛みあうのを妨げるために異常を起こす場合と、ホルモンの生成、代謝に作用して攪乱するパターンがあるといわれています。

妊娠中の雌のラットにこの女性ホルモン作用の環境ホルモンを与えると、生まれた雄の精子形成能力が低下するという動物実験もあります。

人間も胎児期の影響が成人してから及ぼす影響については、海外で広く知られています。実際若者の精子数が減少しているという新聞の調査記事を読んだことがあります。

私は前から白バイを食べるたびに不思議なことに気づいていました。雄か雌かを楽しみながら貝から身を引きぬいて食べているとき、ふと雌に小さな突起物があることに気づいたのがきっかけでした。通常の交接器よりかなり小さいのですが、米粒のような突起があることをずっと疑問に思っていたのです。

この米粒のような突起は、雌に生じた雄の交接器です。船に付着する貝などの被害を防ぐ船底塗料に使われる有機スズ化合物（ＴＢＴ）が原因です。

巻貝の一種、イボニシは特に交接器の異常が著しく、雌の雄化による生殖機能の低下により、種の存続が問題となってくるはずです。ＴＢＴはごく微量でも機能低下を招くと言います。日本では製造を中止しましたが、国外では使用している国もあり、その国の船舶が入港すれば影響が出るに違いありません。

カネミ油症事件で禁止になったポリ塩化ビフェニール（ＰＣＢ）、有機塩素系のごみを低温焼却した場合や、製紙の漂白工程で生成され、発がん性・催奇形性のあるという猛毒ダイオキシンの問題もふくめ、真剣に考えねばなりません。

いつか自分の子や孫に必ず累が及ぶということを、はっきりと自覚するべきです。それは直接関係のある地域だけではなく、もっとグローバルな問題ではないでしょうか。

荒波の魚は本当に旨いか

タイの瘤《こぶ》は勲章か

荒海の魚は旨いという迷信があります。怒濤《どとう》のような荒波にもまれた魚は、筋肉が発達し、身は締まって大層な味わいになるというのは馬鹿げた話です。

タイは明石《あかし》に限ると言われますが、名高い鳴門海峡の逆巻く渦潮にもまれ、中骨にいくつもの瘤ができ、まるで勲章であるかのように吹聴《ふいちょう》され、瘤がないとタイの資格がないような錯覚さえおぼえさせるような捏造《ねつぞう》された話をよく耳にしますが、これも誤りです。

タイは明石でもとれますが、どちらかというと京阪地方へ送る集散地であり、実際の主な漁獲地は鳴門です。

和歌山県御坊《ごぼう》と徳島県阿南《あなん》を結ぶ地域は日本でも有数の漁場で、特に鳴門以南二〇キロほどはリーフ（礁）がいくつもあり、餌が豊富な地域で魚族の宝庫です。春先、産卵のため瀬戸内海に乗っこみ、その通過点に鳴門海峡があります。渦を巻いているのは海の表面のことで、竜巻のように海底から荒れ狂っているわけではありません。海峡を通過することが、掛軸の鯉《こい》の滝登りの絵のように誇張されたものでない証拠には、同じように乗っこむ他の魚たちに瘤がないのを見れば一目瞭然です。

魚の部位のなかでいちばん運動するところは尾鰭《おびれ》の付け根です。荒波の魚が旨いなら、当然この部分の肉が旨くなくてはなりません。しかし、筋だらけで脂肪もなく、旨いと言う人は誰もいないでしょう。

尻尾《しっぽ》というとすぐ頭に浮かぶのはオックス・テールの煮込みです。テールが手に入ると、私はカミソリで丁寧に毛をそり、ブフ・ブルギニョンを作ります。この料理は赤ワインだけで煮込んだブルゴーニュ地方の料理で、私は仕上げにマール（ＭＡＲＣ）で香りのアクセントをつけますが、ゼラチン質の強い酸味のあっさりした味わいです。ことに紫色の美しいソースに仕上がったときなどは、素人ですからつい自慢したくなるのです。フォンド・ボーなどのだしを一切加えませんから、日本のビーフシチューの味になれている人には、物足りない場合もあるかもしれませんが、ワインとの相性は抜群です。

ここでも言えることですが、農耕に使われる牛が旨いわけはありませんし、サラブレッドが旨いはずはありません。

今までさまざまな魚の尾部で煮込みを作ってみましたが、一度も心動かされたことはありません。

タイで一番旨いのは内湾及び沿岸のリーフに根付いたものです。二番目は内湾を回遊するもの、三番目は外海を回遊するものです。荒海から遠ざかるほどおいしくなってゆくのです。

三浦半島西側、鎌倉小坪から逗子《ずし》・佐島にかけてのリーフ及び久里浜から房総の竹岡を結ぶ浦賀水道南側は関東屈指の好漁場であり、明石ダイが西の横綱なら東の横綱は小坪・富津《ふっつ》です。天候によりこれらの地域の入荷のないときは、私は銚子のタイを使います。

春から夏まで使う白身魚はスズキ、コチ、ホシガレイ、マコガレイ、秋口から春先まではタイ、ヒラメを主に使います。

少なくともこの期間中に、私は一・三キロから二キロのタイを百四十枚以上も下ろす計算になりますが、瘤のないタイは十枚のうち二、三枚で、ほとんどこの確率で瘤をもっています。通常、魚は背骨に当たる中央の骨から背と腹に向かって、上下に尾鰭の付け根まで骨が出ていることは、魚を食べている人は誰でも承知しています。この上下に出ている骨の中ほどに丸くふくらんだ骨の塊ができます。この骨は「鳴門《なると》」とよばれ、個体差もあり、できる数や位置はまちまちです。平均して背部より腹部にかけ、しかも中央より尾部に近いほうに多くできます。この骨の塊は空洞になっているわけではなく、硬くて金槌《かなづち》でも使わないと砕くことはできません。

江戸時代のタイ骨格図（『水族四帖』）に「此骨魚ニヨリナキモアリ」と書かれていますが、要するに、鳴門海峡の潮流にもまれた明石ダイだけに瘤があるかのような話は間違って伝えられたものです。

アナゴは潮流の関係で、もっとはっきりと姿や味わいに特徴がでてきます。河川の流入する大きな湾の最深部は潮の流れがなく、餌の豊富な池のようになっています。頭は小さく肩からぐっと盛り上がり、手に吸いつくようなもち肌で、肉質はやわらかく金色を帯び、豊かな脂の香りがいつまでも漂います。これが羽田のアナゴです。千葉側のアナゴは頭が少し大きく、全体にすんなりして、脂の香りも高くありません。これは瀬戸内海のアナゴと同じです。潮流で餌が流されますから、それをとるために体を動かさねばなりません。締まるという言葉より、少し痩せて硬くなるという表現が合っています。

外海に棲むものは、潮の流れが速いため痩せぎみで、全体のバランスからすると頭が大きく見えますし、小骨は硬く肉質は粗く感じられて、風味はありません。韓国から輸入するものもこれにあてはまります。

経験を積むと外貌を一瞥《いちべつ》しただけで容易に判別できるのです。アナゴも穏やかな海のものが優れています。

アジの味も二通り

鳴門の鯛《たい》、豊後《ぶんご》の城下鰈《しろしたがれい》、佐賀関《さがのせき》の鯣《するめ》は江戸時代から諸国自慢の産物として名高く、木下謙次郎の『美味求真』（啓成社）のなかで、「味は天下に誇るに足るべし」と書かれています。昔は諸国名産に載らず、ここ数年の間に急にブランド品として登場したものに関アジ、関サバがあります。

アジは側線の全長に稜鱗《りようりん》（ゼニゴ）とよばれる棘状の鱗が頭部近くまで並び、ブリと同じようにアジ科の特徴の一つになっています。

温帯性の魚で暖流とともに北上し、主産地である相模《さがみ》湾では春先から夏にかけて脂が乗り、旬となります。沿岸性で群れをなして回遊し、学者は区分しませんが、二群あって、波の荒い沖を回遊するものと沿岸や内湾の餌の豊富な瀬に付くものがあります。沖合を回遊するものは住処《すみか》をもたないクロアジとよばれる群れです。黒みを帯びた体高の低い痩せた身に締まりのない軟弱なものです。このクロアジ系の魚のなかにも外洋の根に根付いたものがいます。特に南の地域では四、五年で三〇センチになるものがいます。

瀬に付き、成長・産卵する体高の高い瀬付きといわれるキアジの群れがいます。背部は淡黄色で、腹部は銀に金の粉をふりかけたような脂の乗ったものです。私たちが通常、アジとよぶと、キアジを指しています。アジもリーフのある場所に棲んでいるものがおいしく感じられます。大きさは一五～二〇センチくらいがアジらしい風味をもっています。昔からイワシ、サンマと並び大衆魚の筆頭でしたが、昭和四十年頃から、「アジのたたき」が流行《はや》ると同時に、漁獲量も減って高級魚になってきました。

中学生の頃、船外機を付けたボートで横浜の根岸辺りから十分ほどの行程の浅場でよくアジ釣りをしたものです。手釣りで糸を操ると、ビニールの小さな短冊をつけただけの擬餌鉤《ぎじばり》と同じ数のアジが、銀色の木の葉のように次々と海面に上がってくる光景は今でも忘れることができません。それほどよく釣れたものです。

最近はコマセ釣りが盛んで、このままだと海の底はコマセの堆積物が溜り、自然を破壊する原因になるのではないかと心配です。

実際、私が危惧していることは、淡路周辺や相模湾のアジの風味です。口にふくむと、時折りアジには決してあり得ない別の臭いが感じられるのです。安易にコマセを食べたせいなのであろうかと不安になることが度々です。回遊しない沿岸のアジは急激に増えるということはありません。海を汚してほしくないのです。

アジはさしみ、たたき、酢物、揚物など幅広い料理法がありますが、「たたき」だけは釣り人の特権です。もとは漁師料理であり、沖に出た漁師が船の上で作って食べていたものです。築地市場には稀に活アジが入荷しますが通常は野締めです。しかもよほど上手に締めないとすぐ硬直してしまいます。天然のアジは活での輸送は難しく、生簀《いけす》のアジは養殖ものと思ってよいのです。「たたき」は肉質に弾力があり、生きている状態でないと真価は発揮できません。釣ったばかりのアジを適宜包丁で叩きます。薬味は好みでよいでしょう。大事なことは、常温では舌においしく感じられません。クーラーなどに入れ、冷たくしなければなりません。そうすることによって叩かれた身肉の一つ一つの表面が密着し、ひと塊になってくるのです。まさにこのときが「たたき」の醍醐味《だいごみ》といえるでしょう。

オアカムロ（尾赤鯥）はアジ科の魚で、尾が赤くムロアジに似ていますが「たたき」にしたものは別格です。

ムロアジはさしみ、煮物、焼き物すべて旨くありませんが、干物にすると絶対的なもので、他の追随を許さない地位を占めています。

サバの味は地獄八景亡者戯《もうじゃのたわむれ》

土佐・伊予・周防《すおう》・能登から献上されたと『延喜式』に書かれているように、サバは古来からたいへん貴重な産物でした。中国地方の山間部や熊野などに古くから塩鯖《しおさば》文化が育まれたことがうなずけますし、塩分の供給源として重宝されたに違いありません。京都のサバずしにしても若狭小浜《わかさおばま》から十八里の鯖街道を天秤棒《てんびんぼう》に振り分けて、一夜で駆けぬけた姿がありありと私の脳裏に浮かび上がってくるのです。

贈り物としての歴史も古く、江戸時代には七夕の前夜になると、諸大名が将軍家に刺サバを献上する慣例がありました。後に金銀に代わり鯖代、さらに後世になって今でいう「お中元」になったわけです。

徳島県鯖瀬にはサバにまつわる伝説があります。

旅の僧が塩サバを馬に積んだ商人に一尾分けてくれと頼んだ。商人が断ると僧は一首詠んだ。すると、たちまち馬は腹痛を起こした。驚いた商人は非礼を詫び、サバを献じると、僧はまた一首詠む。たちまち馬は元気になる。僧はもらったサバを海に投げこんだ。すると、サバは生き返り元気に泳ぎ去っていった。商人はこの奇跡を見て、僧に帰依し、鯖大師を建立した。この僧が行基上人とも弘法大師とも言われています。このような話は各地に残っています。

サバは歯が小さいことから小歯、あるいは狭歯からきた名前です。背は青緑色で黒い縞のような斑があり、腹は銀白色。日本近海では春から夏に北上し、十八度くらいで産卵して秋から冬に南下します。「秋サバ」という言葉があるように、秋から冬にかけて脂が乗り、旬となります。この時期の身質は白っぽく、反対に時期外れのものは赤みが強くなります。サバにも沿海に根付くものがいて、姿・形・味わいもさまざまです。

青魚のなかでも、特にサバに対して極端なアレルギー体質を示す人がいます。また、「死ぬと決まったら是が非でも、もう一度サバを食って死にたい」などと嘆く人が多いようです。

上方落語に『地獄八景亡者戯』という噺があります。

ここにおもしろい人がいます。喜六というサバ好きの男、もらったサバを二枚に下ろし、片身をさしみにして酒を汲む。睡魔に襲われ、ごろっと横になって夢か現《うつつ》か、幻か、うとうとしているうちに寒々とした薄気味悪い所に出てしまう。これが地獄めぐりの旅のはじまり。「はめもの」（お囃子《はやし》・鳴物《なりもの》など）が入った陽気な笑い噺です。そのなか亡者の一行が芝居町を通りかかったときの会話のおかしいこと。これは桂米朝の力作ですが、地獄で寄席の看板を見上げ、連なる噺家の名を見て読みあげながら、「……、……、米朝？」。「米朝という名で死んだ噺家はおまへんが？　生きてんと違うか？」。「よく見てみいな、近日来演と書いたある」

ジンマシンの一つや二つで、これほど笑えるならサバ好きの人、我慢などしないで食べたほうがいいのと違いますか。

サバにあたる別の話題は、寄生虫のアニサキスです。これは酢に弱くすぐ死んでしまいますし、二、三センチもありますから、外から見ればすぐわかり、除去すればよいのですが、取りそこねてさしみで食べると人体に入り、胃に激痛を与えるそうです。この寄生虫はもともとクジラなどの胃袋に寄生して卵を生み、卵は海中を漂い幼虫になるとオキアミや他の生物に食べられます。それをサバが食べるため、体内に入りこまれるわけです。サバの生き腐れと言いますが、自己消化の早いサバを、塩で締めて酢で殺すという古人の知恵が実によくわかるのです。

ゴマサバ（胡麻鯖）はマサバに似ていますが、より丸みを帯び、腹側に小さな黒いゴマのような点々があります。マサバより暖水を好み、大群で春から北上、秋より南下し、〝海の牧草〟と言われ、大型魚の餌となっています。漁師のなかには旬になると賞味している人もいますが、これは釣り人に与えられた特権です。

ゴマサバの真価はサバ節です。蕎麦《そば》だし特有のツーンとくるくせのある香りがサバ節の特徴で、カツオ節だけではあの香りは出てきません。ですから、家庭でそばつゆを作るときは、必ずサバ節を使用しないと蕎麦屋のような風味が出ないわけです。

三角関係のサバの味わい

暖流系の魚にしろ寒流系の魚であれ、日本列島には何カ所かに産卵孵化地があり、どのように回遊しているかは未だ謎の部分が多く、学問的に明らかにされていません。しかし、毎日魚と対話をしていると、棲息地域の違いによって、はっきりと差異が認められます。

棲む海の違いは、その魚の外観から肉質の風味まで異なり、同じ種類の魚でもまったく別のもののように感じられるのは否めません。それは海の環境と食べ物の違いからくるからです。

サバの漁獲地で名高いのは三陸、東京湾口の松輪及び若狭小浜、豊後佐賀関です。外海の回遊魚でなかには内湾に入るものも見られますが、魚体は小さく痩せています。

魚は南の海にいるときよりも北の海にいるときのほうが脂が乗るのは、カツオやマグロの例を見ても明らかです。

三陸方面のサバは他の地域よりも早く脂が乗りはじめます。理由は海水温が低いからです。寒くなるにしたがって、ぐんぐん成長して、脂肪の塊になっていきます。

松輪のサバは九月下旬ごろになると、そろそろ脂の衣をまとうようになり、寒に入ると薬師寺の吉祥天画像や正倉院の鳥毛立女像《とりげりゅうじょ》のようなイメージのふっくらした肉置《ししお》きになり、性格までおっとりした印象を受けるのです。若狭のサバも松輪と同じ印象です。

ただし、但馬《たじま》・若狭・越前のサバは、太平洋側より遅く、三、四月に旬を迎えます。

佐賀関のサバは地域産業の振興努力とマスコミの人気が集まり、ここ数年の間で破格の出世をしました。

これは佐賀関と日本一狭長な佐田岬半島に挟まれた豊予海峡周辺でとれるサバのことです。豊予海峡は潮の流れが速いことは確かですが、ここからまったく移動せず根付いたとすると、この環境に棲む魚がふっくらと豊かになり、脂が十分乗るということは考えられません。しかも海の上に線を引いて、そこだけが関サバを名乗れて、シールを貼られるというのは、どういうものなのでしょう。サバはまったく移動しないのでしょうか。実際、豊後水道から宮崎地方におけるサバ、アジで脂の乗ったものは見かけませんし、二月頃宮崎方面から入荷するカツオにしても真っ赤なだけで、カツオの風味は皆無と言ってよいでしょう。

三陸のサバは脂が強過ぎてブクブクした粗い味わいで、後口も嫌みのある臭気が私には感じられてしまいます。松輪・若狭のものは、サバ特有の甘酸っぱさの調和がとれ、豊かな香味が心地よく響くのは私だけでしょうか。

佐賀関のサバは、三陸と反対、要するに甘酸っぱさが希薄だと考えればよいわけです。特に酢締めにする場合は、脂が乗り香味が高くないと酢の力に負けてしまいます。ですから、サバのくせが好きな人には評価されません。反対にサバの嫌いな人には、このくせがないというよりも雅味がないところが好まれるわけですから、佐賀関のサバはさしみに適しているわけです。さらに寒い地方の人と温暖な地方の人では嗜好が違います。北の地方の人は脂肪を好み、南にいくほどさっぱりした味を好む傾向があるのです。ですから、関サバを礼讃する意味も理解できるわけです。要は、情報という妖怪に惑わされず、自分の舌に忠実においしいものを、おいしいと感じればよいのではないでしょうか。魚は活締めと血抜きを上手にすると、身はコリコリして透明感が強くなります。しかも脂の乗っていない魚の場合は、特に透き通った身質を呈するのは、魚を扱う人なら承知していることです。サバは魚体も小さく硬直しやすいために、肉質が活の状態を保つのは、その日だけです。一日置いたら価値はありません。

昔、私は三島由紀夫の『潮騒』で有名な伊良湖水道の旅館で出された活サバのさしみに唖然とした記憶をもっています。足摺岬の旅館で出されたサバにもびっくりしたものです。それほど東京ではさしみで食べる習慣はありませんでした。ですから、もし松輪のサバを活物で出荷したらどういう評価をすることになるでしょうか。

関アジの本性

関アジはキアジ系ではなく、クロアジ系で、一尾で五、六人前もできるような大きなアジです。この系統のアジは佐賀関周辺だけでなく房総以南の各地に棲息しています。築地頭が大きく体形は細みで、大き過ぎるせいかアジの潤みのある風味はありません。築地市場にもたまに安房《あわ》鴨川や富津から同じ大きなアジが活締めにされ、入荷しますが、ブランド名がないために相場は関アジの半値以下です。しかし、両者の味を比較判別できる人はいないでしょう。

この章を書いているうちにおいしい活サバのさしみが食べたくなってきました。自分で釣りに行くしかないでしょう。

高みに浮かぶ点々とした白い小さな雲の列、今夜はきっと鯖日和《びより》に違いない。

鍋考――タイちり、フグちり

鍋の食べ方を見ていると、その人なりの食への哲学のようなものが見えてきます。独りでつつく小鍋仕立て、大勢で囲む鍋にしても、できればよりおいしく食べたいと思うのは、私だけでないでしょう。私にとっての鍋とは何でしょうか。

鍋にはちり仕立て・味噌仕立て・スッポン仕立てなど数多くありますが、どの料理法にせよ、鍋料理で最も大事なことは、鍋のなかの煮汁を濁らしてはならないということに尽きます。濁ることで雑味が出てしまっては台無しになってしまうからです。

寄せ鍋は、一般的に白身魚、鶏、貝類、野菜類、そのほか豆腐、白たき、練り製品、なんでも材料となり眼にも楽しく栄養的にも勝れていると言えます。

しかし、寄せ鍋をおいしく食べるとなると、それ相当の熟練を必要とするのです。理由は味の重複、及び相殺《そうさい》を考えねばならないからです。

食べ物はソロの似合うもの、シンフォニーが適しているものなどさまざまありますが、寄せ鍋のように多種の具を使う場合、鍋に入れる種類や順番をよほど考えて作らないと、煮汁はすぐに濁って価値のないものになってしまうのです。

よく大鍋に最初から色とりどりに体裁よく盛られて出される場合がありますが、感心いたしません。それぞれの具は加熱時間が違います。おいしい火の通り加減があるからです。特に貝類などを最初に入れると、他の味を壊し、全体がひきつれた味わいになってしまうのです。

たとえば野菜の炊き合わせにしても、日本料理では一緒くたには炊きません。一種類ずつ特徴を生かして炊き、味つけして盛り合わせます。そうすることによって、個々の素材の風味を引き立たせるわけです。

水の文化である日本料理やすしは、ソロの世界であり、フランス料理や中華料理はシンフォニーの世界なのです。そういった意味で、鍋は単一の素材のほうが、そのものがより映えて感動を与えてくれるように思えてなりません。

もちろん素材が一つだからといって、骨肉、身、皮や肝、野菜などを無定見に入れてよいというものではありません。

私にとっての鍋の白眉は、タイちりとフグちりなのです。

タイちり

目の下一尺という言葉は、タイの旨い大きさを示しています。二キロ強といったところです。過ぎたるは及ばざるがごとしで、味わいは下降線をたどりますから、反対に成長過程のものに精彩が見られます。

キダイ、チダイなどマダイ以外でも結構ですが、風味は別ものです。天然活物であれば申し分ありません。活物が手に入らないときは、野締めでもかまいません。しかし、活と野締めでは口に入れたときの触感に雲泥の開きがあります。生きている細胞は加熱することにより膨張します。口にふくむとバラバラと身がほぐれ、フワーッとした綿を嚙むような味わいです。この触感が活の醍醐味です。

一尾まるごと手に入ったら、春先には真子や白子をもっていますから、ぜひ賞味していただきたいと思います。

内部骨格は、タイの八具とよばれる変わり骨がありますから、これらを探すのも楽しみの一つです。頭部にできるものに大龍、鯛石、三ツ道具、鍬形《くわがた》があり、鎌の部分に鯛中鯛があります。これは俗に「鯛のタイ」とよばれるタイの形をした骨片で、胸鰭《むなびれ》の基部にあり眼のように見える小さな穴をもった骨です。この骨片は形こそ違え、胸鰭のある魚は皆もっています。それに腹鰭の竹馬、中骨の鳴門、尾鰭の付け根にできる小龍を合わせて八つです。これらの骨を見つけたら大事にとってお守りにすると幸運に恵まれると言い伝えられています。

下ごしらえは丁寧にします。まず鱗をきちんと取り除きます。特に頭の部分、眼のまわりや胸鰭の付け根は見落としがちになります。

タイの鱗は硬く、口にふくむと不快な印象を受けてしまいます。兜《かぶと》を梨割りにして片方を五ツに木取ります。身は適宜ぶつ切りにして笊《ざる》に載せ、軽く荒塩をして十分ほど置きます。

沸騰した湯に二、三秒くぐらせ、冷水に取って、取り残した細かい鱗を取り、笊に上げます。活物は生臭みがありませんが、野締めなどの場合はこの湯引きをきちっとしないと鍋の煮汁が濁る原因になってしまいます。魚には生鮮臭と生臭さと二通りありますが、活物は生鮮臭であり、磯の香りです。鮮度低下により生臭さが強くなります。これは魚体に本来ふくまれている無臭のトリメチルアミンオキサイドという物質が、細菌などによって臭みのあるトリメチルアミンに変わるために起こります。

鍋の作り方ですが、まず鍋に水を張り、コンブを入れます。だし用のコンブはマコンブが味を引き立てます。鎌や鉤《かぎ》のようなもので切り取った後、砂浜で乾燥させた素乾《すぼし》品で、北海道の利尻、三石でとれた肉厚のものが特に勝れています。水道水を使うと青変することがありますが、これは塩素とデンプン類による化学反応で、塩素をふくまない水を使うとこのようなことはありません。

コンブはたっぷり使い、弱火にして九十度くらいになったら惜し気なく引き出します。

コンブは刻んで調味し、後で食べればよいのです。コンブには淡白な旨みのある上味と加熱し過ぎた場合に出る臭みの強い底味があります。せっかくの鯛です。上味だけのほうが芸術的な調和を見せてくれるでしょう。

鍋の最大のポイントは火加減です。ほとんど無視されていると言ってもよいでしょう。よく、ぐらぐらといつまでも煮立てている光景を見ますが、私にはだし殻が浮いているようにしか見えません。

鍋は決して沸騰させてはいけません。鍋に入れた具が湯のなかでプックリ浮かんでは沈みを繰り返す程度の火加減が大事です。そうすることによってタンパク質の変性はゆっくり進み、旨味は内部に温存され、ふっくら仕上がります。しかも湯に塩分が入っていませんから魚肉の旨味もゆっくり湯のなかに滲み出ていくわけです。

まず骨付きの部分を鍋を囲む人数の倍の数だけ入れます。白身魚は火の通りが想像以上に早く、しかも鮮度の高いものほどその傾向が強いのです。青魚と違い、九五パーセントくらい火を通す感覚のほうが素敵に仕上がります。

火が通ったら銘々が一切れずつ皿に取ります。そこに〝ざく〟を入れます。ざくとは、野菜などをざくざくと大きく勢いよく刻む音からきた言葉です。できれば香りの薄いものから入れたほうが調和がとれます。残りのタイの具を食べたら、タイのエキスをたっぷりふくんだざくを食べ、あとは具とざくを交互に泳がせ、アクをまめに取りながら鍋を囲むと、雑味のない調子の高さを感じ、よりおいしい鍋が楽しめるはずです。

ポン酢は地方地方により特色がありますが、関東では酸味の勝ったスダチ、カボスよりダイダイを上席に置きます。酸味にも丸いやわらかい味わいが感じられるからです。もしも手元にない場合は、レモンでも結構です。市販のポン酢は、タイの本味を消してしまう場合が多いので、自分で作ったほうが香りも嬉しく間違いはありません。ポン酢に特別な技術など要りません。味醂《みりん》など加え、下手な加工をしたものは、素材の高いものには不要です。ポン酢に加工度を高めるのは、素材の欠点をカバーするときだけにしてください。

鍋の楽しみの一つは雑炊です。雑炊に入れるご飯は、炊き立ての熱々はいけません。昔の人はご飯が炊けると軽く冷まし、おはちに移しました。理由は冷やすことによってご飯の表面にデンプンの薄い皮膜を作り、ねばつかず光沢のあるご飯ができ、おいしくなるからです。

鍋にご飯を入れて蓋をしたら、火加減に注意しながら、食べるまで決してかき回してはいけません。かき卵を落とすかどうかはお好みです。入れる場合は一度に入れず、二十秒ほど間隔をあけて二、三回に分けて入れたほうが卵もふっくらします。味つけは塩でもポン酢でもよいでしょう。おそらく、タイの力強い香味に圧倒されることでしょう。

フグちり

小学生の頃、父に何度も河豚屋《ふぐや》へ連れていかれましたし、フグは私の大好物でもありました。

もっとも、当時はまだフグを毒魚だと忌み嫌う人も多く、一部の愛好家の食べ物の感があったようです。

落語にもフグに当たって死んだことから巻き起こる長屋の騒動を描いた『らくだ』の話など、昔から「河豚は食いたし命は惜しし」だったのでしょう。

ですから、私は自分と同じ年頃の子供に河豚屋で会ったためしなど一度もありませんでした。父は上物屋から大衆河豚屋まで連れていってくれましたが、席に着くといつも耳もとで「今日は上物屋だ」とか「駄物屋だ」とか呟くのが常でした。実際、子供なりにもずいぶんと味わいに上下の差があるものだと感じていましたが、何よりも店に入った瞬間の匂いの違いを感じとっていました。すし屋にも独特の匂いがあるものですが、少なくとも魚の生臭さを感じさせてはいけません。河豚屋も独特の空気があります。鍋のなかから立ち昇る甘ったるい匂い、実際、上物屋では心地よい香りがしていましたし、大衆店では生臭い臭いが充満していた記憶を消すことはできません。実際にフグは、何日置いても他の魚のように肉質が解硬してやわらかくなるということはありませんが、かび臭いような、独特の臭気がついてしまいます。この気だるい生臭さがフグの香りだなどと思われては、フグも迷惑千万でしょう。私はこの頃からずっと香りに関心をもっていました。

中国では、腹がふくらんでブーブー鳴くこの魚に「河豚」という造語を当てました。日本では海にだけ棲んでいますが、中国では黄河や揚子江にも遡上し、フグに「江豚」「海豚」という字も当てています。隋の時代、巣元方の著した『諸病源候論』のなかに「肝や腹内の子は猛毒があるから食べてはいけない、食べると死に致る」と書かれています。日本でも、大宝令に「鰒《ふぐ》の酢」と書かれているのを見ても、それ以前から食料とされてきたし、貝塚から骨がたくさん出土していることから、大昔から食べていたに違いありません。だからといって、大昔の人間が好んで食べていたわけでもないでしょう。フグが多産なことと動きが緩慢なので捕獲しやすかったからに違いありません。フグ類で最も美味なのはトラフグです。背面は黒褐色で腹面は白く、胸鰭後方の体側に白い縁どりのある大きな黒い紋があります。鱗はありませんが、背と腹に小さな棘が密生し、これを取るのに手間がかかります。鋭いカミソリ状の歯を四枚もち、七〇センチくらいになります。この歯でウニ、二枚貝、甲殻類、ゴカイなどを貪食します。

この魚、何人の人を殺《あや》めたことでしょうか。当たったら死ぬので「鉄砲」、それゆえ江戸時代以降、フグ鍋を「鉄ちり」というようになりました。仏式では人が死ぬと骸《むくろ》は北に頭を向かせて寝かせるので、「北枕」ともよばれ、いろいろなよび名があります。

フグは本州中部以南、特に東シナ海に多く、住処《すみか》は海底の砂泥や砂礫地の中層・下層です。最上級のトラフグは、暖流の波の穏やかな瀬戸内海のもので、周防灘《すおうなだ》から伊予灘のものがこれに当たり、特等ものは内海と銘うっています。同じ九州でも玄界灘に面した日本海のものは、どうしても外洋のため身が硬くなります。フグの肉は硬いのが当然と思われる人がいるでしょうが、ただ硬くゴリゴリしていればいいというものではありません。

薄く引かれた一片の硬さのなかに張りのある鞣革《なめしがわ》のような柔軟な強靭さと、ナリチリとした潔いほどの噛み心地、滲みでる甘美な味感を主張するのが、フグさしの真骨頂です。

こういったフグの身質は透明で、光沢があり、白一色です。ですから、皿に盛る場合でも、豪華な絵皿も結構ですが、白磁を選ぶ職人もいるほどです。価値あるフグを使っているという誇りがあるからです。なぜなら、白と白ではいかなる欠点も誤魔化しようがないからです。

次に少し濁った白色で、ややもするとかすかに薄黒い毛細血管が浮かび、歯ざわりにも軟弱なところがみえるフグがありますが、甘美な余韻はありません。

さらには淡い赤みがさし、張りがなく、だらしなく感じられるものは、水っぽく食味に耐えられないでしょう。

要は、我々の目が自然の色彩として美しく感じられるものが美味で、不自然な色彩を感じるものは悪い素材であるという証明です。

これは野菜、果物、鳥獣にいたるまですべてに言えることなのです。

フグの調理には細かい神経と技術が必要とされてきました。毒性から可能な限り遠ざからねばなりませんし、皮の棘を取るのもそれ相応の技術を要したわけです。

最近では「ミガキ」と称し、内臓を抜き、すぐ使えるように処理されたものが下関周辺の加工場で作られ、築地市場に入荷されるものの多くを占めています。また皮の棘を引く機械まであると聞かされ、昔は手間と技術を要したフグも昨今では仕込みの労がなくなり、簡便性の追求もここまできたのかと感慨深いものがあります。

最上級のトラフグでもさしみの引き方が悪いと台無しです。薄過ぎたり、幅や丈の短いものよりも、幅三センチ、丈七センチくらいの大きさでやや厚めくらいのものを一枚ずつポン酢につけて口にふくむと、フグさしの真価が発揮されるように思えてなりません。

フグは下関に限ると世に喧伝され、実際下関が名産地であるような錯覚にとらわれている人が多いようですが、下関はあくまでこの近海でとれるフグの集散地であって、漁獲地ではありません。業者の長年の経験からくる目ききによって各漁獲地から集まったフグの価格を決めるのが下関です。

フグの香りは絶対的なものがあります。しかし、あまりにも入荷が少なく、高いのは当然で、なかなか口に入らなくなってしまいました。

皮の内側にある皮膜は身皮（三河）と隣あっているところからトオトオ身（遠者）と言われ、魚類の皮のなかでも断然群を抜いた地位を占めています。「東はアンコウ、西はフグ」と言いますが、やはりフグに軍配があがります。特に口唇や肛門近くの肉塊の部分は「うぐいす」とよばれ、しかも一匹に一つしかない貴重なものです。

白子は中国で西施乳とよばれ珍重されます。二月頃に肥大し、一五〇グラムぐらいのものに並々ならぬ力強い濃密さが宿っています。特に塩焼の風味は魚類中でも出色です。

日本最古の金銅燈籠である東大寺大仏殿の前にある八角燈籠の火舎《かしゃ》扉に彫られた優雅な音声菩薩《おんじょうぼさつ》の奏でる調べに乗って天空に舞うような、甘い香り漂うフグちりこそ、鍋文化の神髄のように思えてなりません。

河豚汁や　鯛もあるのに　無分別
芭蕉も最初は恐れをなして食べなかったようですが、
ふく汁や　阿呆となりて　ならばなれ
遂には愛好者になっています。

海に浮かんだ眼玉のようなアンコウのさしみ

「暗愚」とは、馬鹿、のろまなことを意味し、方言では「アンゴ」と言います。英名は goose fish（阿呆な魚）、angler fish（釣人魚）。「暗愚魚《あんぐうお》」の音便でアンコウ（鮟鱇）です。「鮟鱇の餌待ち」という諺がありますが、これは暗い海底に寝そべって餌がやってくるのを一日中のんびりと待つアンコウの習性にたとえて、ぶらぶらして何もせず、旨い話にありつこうとする横着者のことを言います。欧米人もこの魚に同じイメージを抱いたに違いありません。

アンコウにはホンアンコウとクツアンコウがあります。ホンアンコウは口内と腹膜が白く、クツアンコウは口内が黒くて白色の丸い斑紋があり、腹膜も黒いことで区別でき、ホンアンコウのほうが美味です。北海道から本州各地に分布し、水深一〇〇メートルから数百メートルの海底に棲息し、一・五メートルほどの大きさになり、一〇キロを超すものもいます。

アンコウは、上顎《うわあご》の上部に釣り竿状に長く変形した背鰭《せびれ》第一棘があり、その先端は皮弁という擬餌状の突起になっています。体を砂中に埋め、皮弁をゆらゆら動かしながら餌のように見せかけ、詐欺師《さぎし》のようにこすっからい小さな眼をこらしながら、他の魚がやってくると、あの大きな口で一飲みにしてしまいます。実際アンコウは頭が大きく幅広で、口も著しく大きな受け口をし、上下顎に無数の犬歯状の歯がやや内側に向かって生えています。この歯も餌を飲み込むためにだけできているような形をしていることは、指で触るとよくわかります。要するに内側に倒れるようにできた可倒歯になっているのです。

逆に一度入ったものは絶対に外に出られないように、歯は外側に向かっては閂《かんぬき》をしたように微動だにしません。しかもこの歯は硬く、これが骨とは思えないほど頑丈で、金づちででもたたかない限り、砕けるような代物ではありません。さらに驚異なのは、胃袋の上部にある直径三センチほどの丸い二つの骨片と下部にある三角形の二つの骨片です。鋭く無数の棘状になった剣山のような物体が、棘を胃の内部に向けて付けています。いつ餌にありつけるかわからないために、神は大きな口と胃袋と鋭い歯を授けたに違いありません。

胴は細くなりながら尾鰭へとつながります。腹鰭は退化の途中なのか、お飾り程度に腹部に一対あり、代わりに胸鰭は両の手のように太く長くのび、これで海中を這うように移動します。体はブヨブヨでヌルヌルしていて調理しにくいため、昔からアンコウの吊るし切りと言われ、『本朝食鑑』にも料理人の秘伝として説明されています。

アンコウの七つ道具と言われるものは、とも（肝臓）、ぬの（卵巣）、水袋（胃袋）、鰭、鰓《えら》、皮、柳肉です。肝臓は大きいほどよく、支子色《くちなしいろ》のものに脂が乗っています。アンコウは真冬の需要の多いときでもそれほど高いものではなく、キロ二千五百円くらいで、活でもキロ三千円強といったところです。肝は非常に高く、質の高いものは漁獲されるとすぐ現地で腹から抜かれて送られてきます。北の海のものほど脂が乗り、臭みもあまりありません。キロ二万円という相場の出ることもありますが、要するに肝臓以外はただ同然で、一匹分の肝臓の値段が全体の値段と言っても言い過ぎではありません。卵巣は帯のような形状をなし、橙色《だいだいいろ》で真っ赤な毛細血管が鮮やかです。別名チリメンともよび、肌着一枚分身につけたほど体が温まるとも言われています。胃袋は伸縮が著しく、四、五升の水を入れても破れることはありません。私も解体中、胃の部分があまりに硬いのでこわごわ胃袋に包丁を入れ、本当にびっくりしました。なかから毛ガニが五杯出てきたこともあり、内心ヤッタと思いましたが、ゆでても食べられた代物ではありませんでした。

鰓はシャリシャリした感触が楽しく、皮、鰭はゼラチン質で、アンコウたる所以《ゆえん》はここにあるのでしょう。

アンコウの身肉をさしみで食べたことがある人は少ないと思いますが、たいへん珍しい味わいです。もっとも、さしみにするのは活きたアンコウでなくては望めません。フランス人はよくワインの味わいを詩的に表現します。「銀の柳の優雅さ」「小川の小石のざわめき」「ビロードの手袋をはめた鋼鉄の王者の手」などは有名ですし、確かにそのように表現されたそれぞれのワインを飲んでみると、なるほどと相槌を打ちたくなるものです。店のお客はアンコウのさしみに「まるで海のなかに浮かんだ眼玉を食べているようだ」と言っていましたが、なるほどピッタリの表現だと感心したものです。築地市場には十二月下旬頃になると、わずかですが活物が入荷します。

この活のアンコウ鍋を食べたら、みなさんはおそらく今までのアンコウへの認識をきっと改めるはずです。皮、内臓、身肉のすべてがシャキシャキと音の響きを立て、みなさんの耳を楽しませてくれるでしょう。

活のアンコウが入ると、私はいつもちり仕立てにします。アンコウの各部位は湯びきしてアクを取り除きます。そうしないと鍋のなかが汚らしく濁ってしまうのです。ちり仕立ての場合、肝は鍋のなかに入れず、別に共酢を作って賞味します。共酢はアンコウの肝を蒸して裏漉しし、そこに皮と胃袋を細かく刻んで混ぜ合わせたものです。味つけは料理人によりさまざまです。私は白味噌を少し使い、その他四種類の調味料やコンブを使って作ります。こうすることによって、鍋全体が生臭くなることを防ぎます。ポン酢のさっぱりした味わいと、濃厚な共酢の味わいは鍋に変化をつけ飽きることはありません。

アンコウの骨はやわらかく、その内部にたくさんの軟骨をふくんでいる部分が多くありますから、骨つきの身の部分を食べおわっても捨てずに、骨を少し噛んでみることが必要です。軟骨のコリコリした味もよいものです。特に上顎、下顎の基部には薬莢《やっきょう》のような形をしたかなり大きな軟骨があり、「タイのタイ」を探すときのように私は楽しみにして取り出します。もっとも、この部分は鋭い歯の内側にありますから、気をつけて口にふくまないと、血だらけになって、挑戦したことを後悔することでしょう。

昔は下町の一杯飲み屋の鍋はタラかアンコウと相場は決まっていたものです。銭湯帰りに酒をひっかけながらよくアンコウ鍋をつついたものですが、野締めのアンコウには格調高い味わいは期待できません。しかし、活物は別です。おそらくこの魚ほど口中をバラエティに富んだ音階で楽しませてくれる魚はほかにはないでしょう。

イカの嘴《くちばし》と竜の涎《よだれ》の香り

小学校の課外授業の一つに映画鑑賞があり、いつも楽しみにしたものです。そのなかでも最も印象深かった映画は、『海底二万哩《マイル》』。フランスのサイエンス・フィクションの先駆的存在であるジュール・ヴェルヌの作品をウォルト・ディズニープロが映画化した長編劇映画で、潜水艦ノーチラス号を大イカが襲うシーンでは、拳を握り、恐怖と感動のなかで画面に釘付けにされたことを、今でも鮮明に覚えています。

イカは軟体動物頭足綱二鰓《にさい》亜綱に属します。「鰓」とは「鰓心臓」とよばれるものです。

高速で泳ぎまわるイカは、多量の酸素を消費するために血液を早く鰓《えら》に送りこまねばなりません。そのための装備が鰓心臓で、鰓の付け根に一対あり、本来の心臓と合わせて心臓が三つあることになります。二鰓亜綱のなかに、イカ類ではコウイカ目とツツイカ目があり、ツツイカ目は閉眼亜目と開眼亜目の二つに分かれています。八腕形目はタコ類を指します。

頭足類は眼と口のある部分、要するに頭の前方に十本の足(腕)があり、頭のうしろに内臓が並んだ形、すなわち足→頭→内臓と一直線に並んでいますが、このような配置は他の生物には見られません。

イカも昔は、同じ軟体動物である貝類のように貝殻をもっていましたが、二鰓の装備をもち、海中を泳ぎ回るようになるに従い、退化していったわけです。

コウイカ類の甲は細かい線条になった石灰質のもので軽く、イカの浮き沈みに役立っていますが、死ぬと海水より軽いため浮いてしまいます。子供の頃、竹串に紙で作った帆を張り、甲の中央部に突きさして帆船に見立て、よく風呂で遊んだものです。ツツイカ目の甲、すなわち貝殻は透明な細かい膠質《にかわしつ》の軟甲になっていて、浮くための装備ではなく、骨とよばれるように体を支える役割を果たすようになっていて、死ぬと海水より比重が高く海底に沈んでしまいます。

ヨーロッパではタコと同じように「悪魔の魚」、「海のうじ虫」とよばれ、スペイン、ギリシャ、イタリア以外ではほとんど食用としませんが、日本人ほどイカ好きの国民はありません。

これほど愛されるイカなのに国字がなく、漢字で「烏賊」と書きます。死んだふりをして海面に浮かんでいるイカを烏がねらって舞いおりてきたところを、反対にイカが腕をのばして海のなかに引きずりこんでしまうという中国の話からきた当て字です。

イカを「墨魚」と書くように、イカと墨は切り離せない関係にあります。墨が敵に対して自分の姿をくらます煙幕のような役をしているように錯覚している人がいますが、実際はそうではありません。イカの吹き出された墨は粘りがあり、海のなかで、ひと塊の雲のような状態になり拡散しません。敵の眼が、その墨の形に注意をそらした一瞬のすきに逃げる知恵なのです。

タコの場合、墨は粘り気がなくサラサラしていますから煙幕の効果があるわけです。墨に防腐効果があることは、塩辛に墨を入れた場合と入れない場合の日持ちの日数でわかります。鮮度のよいイカの墨は光沢があり、粘りがありますから、処理の際、決して墨袋を傷つけてはいけません。白いイカについた墨はなかなか落ちにくいのです。

小さい頃、よく〝からす・とんび〟をとって遊んだものですが、〝からす・とんび〟とは鳥のことではなく、イカ（タコ）の頭部のまんなかにある口のなかの口球にうめこまれた二枚の顎板のことです。この顎板はキチン質でできていて、まわりを発達した筋肉がおおっています。上に位置する顎板は、ゆるいカーブをもつカラスの嘴のようになっており、下の顎板は鋭くトンビのような嘴をしています。嘴の先は硬く、これを嚙みあわせて餌を食いちぎります。最近「いかくち」と称して、干して売られているのがこの口球の部分です。コウイカ目などのからす・とんびは全体が暗褐色ですが、ツツイカ目は先端以外が透明になっているのが特徴です。

口のなかには餌を噛みくだく歯はありませんが、軟体動物特有の「歯舌」という器官があります。歯舌は舌軟骨の上に細かい微細な歯がびっしり並んだもので、これで餌をすり下ろして細い食道へ送る役目をします。ちょうど下ろし金のような構造といえばわかりやすいでしょう。たとえばアワビやサザエにも同じものがあります。口の部分を包丁で切ると、なかに紅色の物体があります。この紅い部分を取り除くと軟骨のような二枚の顎板がありますが、これで海藻をひきちぎり、その奥にあるヤスリのような咀嚼《そしやく》用の歯舌ですり下ろして細い管のような食道へ送りこみます。

私は酒の肴に話題の種としてこの二枚の顎板を出しますが、五人に一人はアワビの香りがすると言って当てる人がいます。また歯舌は指で逆撫ですると、ちょうど紙ヤスリのようにザラザラした手ざわりを感じるのです。

イカの「イ」は白い意、「カ」は背の硬い意からきた言葉です。イカの名は『出雲風土記』（七三三年）に見られ、保存食品である〝するめ〟は『延喜式』（九二七年）に、朝廷への献上品として載っています。〝するめ〟とはイカを干した製品のことであり、スルメイカだけを指しているわけではありません。一般に日本海北部でとれるスルメイカで作ったものを「二番するめ」、五島産などのようにケンサキイカで作ったものを「一番するめ」といって珍重します。するめは「寿留女」と書いて、婚礼の結納の縁起ものや神事を司るとき、あるいは祝事の贈答品として使われてきました。商人は「磨《す》る」という語を忌んで、「あたりめ」と言いかえたりします。

落語『てれすこ』は有名な噺です。

ある浜に見たこともない魚があがった。当地の代官が「この魚の名を知っている者には褒美をとらせるゆえ申し出よ」という布令を出す。一人の男が名乗りでて、「この魚はテレスコです」と答え褒美をもらう。

代官、今度はこの魚を干し上げ、再度、この魚の名を問う布令を出す。件《くだん》の男、再び名乗りでて「ステレンキョ」と答える。同じ魚を二通りに答えたのを怒って、代官は死罪を申し渡すが、死罪にのぞんだ男、倅《せがれ》に会うことを望んで代官の前で言う。「父にこり、ゆめゆめいかが干されても決してするめと言うでない」と。言い訳相成ったと代官、男の罪を許す。頓智で命が助かるという落ちの噺です。

イカの眼は、無脊椎動物のなかで一番発達しています。

イカの眼は視葉という神経節で脳と直結していて、球形のレンズをもち、後方に網膜があり、構造は脊椎動物と同じようになっています。

球形のレンズは水晶のように透明で、まるで広角レンズを覗いたように視野が広く見え、私はよく自分の目の前にかざして見たものです。

イカの走光性を利用して、イカ釣り船は夜間、漁火《いさりび》をたいて漁獲してきました。江戸時代は松やにの多い部分や、竹、あしなどをたばねた松明《たいまつ》を利用しましたが、その後アセチレンランプ、最近は白熱灯が導入されています。しかしイカの多くは夜行性であるのに、どうして明るい所に集まるのでしょうか。明るい所が好きならば、昼の太陽の明るいときにとればよいはずです。私が三浦半島城ヶ島沖でスルメイカを釣っていた頃は、たなが七十尋《ひろ》（一尋は六尺、約一・八メートル）ほどの深さでしたから、明るい灯を好むとは思えません。実際、白熱灯をともした船のまわりの最も明るい所にイカが集まるわけではなく、船の影の部分とか光の直接あたらないどんよりした部分に集まっているのです。ということは、明るさを好む走光性というよりも、明るさを求めて海面に浮かんできた夥《おびただ》しい無数のプランクトン、さらにそれを追っかけてきた小動物を狙って集まってくると思えてなりません。

日本人は大のイカ好きですが、さらにその上を行く哺乳動物がいます。それはマッコウクジラ（抹香鯨）、地球最大の動物です。このクジラは、大量のイカを丸呑みにします。解体すると、何万個もの〝からす・とんび〟が見つかるそうです。

麝香《じゃこう》と並び香料中の宝とされたものに竜涎香《りゅうえんこう》があります。中国では竜の涎が固まったものとか鯨の糞とか、蜜蜂の死骸の塊が海に漂ったものだと信じられていました。

竜涎香がマッコウクジラからとれることを最初に発見したのは、『東方見聞録』で有名な十三世紀の探検家マルコ・ポーロです。斧の形をしたアフリカのソマリア半島の突端にあるアシル岬の沖合、アラビア海にポツンと浮かぶ小島ソコトラ島で、マッコウクジラから竜涎香を取り出していると彼は書いています。東洋で竜涎香を採取できるのは、インド洋周辺の海岸や島々でした。

このソコトラ島は孤島で、今でも電気がなく、どういうわけかとても子供が多く、何よりも酒がないのが残念だったと大酒呑みの知人から聞きました。島のバッタも飛ぶ必要性がなくなり、羽は退化して飛べないそうです。いかに大陸と遮断されてきたかを窺い知ることができます。

『白鯨』を書いたアメリカの小説家メルヴィルは、竜涎香の印象を「香り高いウィンザーの石鹸か、芳醇な斑紋の出来た古チーズのようなとにかく膏油《こうゆ》のような芳香のあるもの……。色は黄と灰色の中間である」（田中西二郎訳、新潮文庫）というように表現していますが、温められるとねっとりした匂いをだし、いつまでも残留香を漂わせます。

『チボー家の人々』はフランスの小説家マルタン・デュ・ガールの作です。第一次大戦へと傾斜していく時代を、チボー家の人々の生涯を通じて戦争と革命への態度を描いた現代精神史ですが、そのなかで主人公アントワーヌの心の揺れが、恋人の首飾りの放つ竜涎香の匂いによって官能的に描かれています。

竜涎香の正体は、マッコウクジラが食べたイカの〝からす・とんび〟が未消化のまま病的にたまった腸内結石です。

昔は、死んで海岸に打ちあげられたクジラの体内から取り出したり、海上に浮かんでいたものを偶然拾うという採取法でしたから、たいへん貴重なものでした。体内から取り出されたものは黒色で、品質は高くありません。竜涎香の成分である無臭のアンブレインは、酸化すると香ぐわしい豊醇な香りを放つ物質で、海上を長く漂った黄金色のものが最高級になるといいます。

世界史のなかでも、ポルトガル人がマカオの特別居住権を得て植民地化していった背景に、入手経路を知らない中国の宦官《かんがん》（去勢されて宮廷に仕官する者）に竜涎香を供給する代償として得たという識者の論もあるほど、手に入れることが困難なものであったわけです。

竜涎香は蠟のような状態で、人間の結石のように大きさはまちまちですが、二〇メートル以上もある巨体の結石ですから、一キロから一〇〇キロ以上のものまであるそうで、スケールの大きさにびっくりさせられます。

現在では竜涎香の正体も明らかになり、捕獲したマッコウクジラの体内から取り出していますが、世界的な捕鯨禁止の動きからして、今後はよりいっそう入手は困難になるはずです。

イカ族いろいろ

軟体動物では雌雄同体のものがかなりいますが、イカは雌雄異体です。

産卵期直前になると、雌の胴体の先のところに卵が詰まってきます。この卵が輸卵管のほうへ移動してゆき、白子《しらこ》と見間違えやすい真っ白な一対の器官から出される粘液にくるまれて産み出されます。よくこの一対の白い玉を「イカのキンタマ」と呼んでいますが、これは誤りで包卵腺といわれる器官です。雄は体の後方に細い円錐形をした乳白色の精巣を一つもち、その横に白い渦巻状の貯精嚢《ちよせいのう》がありますが、これがイカの睾丸《こうがん》で、玉のような物体ではありません。さらに産卵が近づくと紡錘形《ぼうすいけい》の白色の袋が見られます。このなかには細長い毛のような白い虫と勘違いしそうなものが詰まっています。

この虫のような物体は弾力があり、一定の構造をもっています。イカを扱っている人なら、ここでハッと気がつくはずです。これは精莢《せいきよう》とよばれるように莢《さや》のような不透明な紐のような形状をしており、精子の塊と粘着体と発射装置からできています。精莢は漏斗《ろうと》から吐き出されますが、このとき雄は十本の腕のなかの一本（交接腕）でそれをつかみ、発射装置が暴発しないように包みこみます。ですから、交接腕の先端には吸盤がありません。吸盤のキチン質に触れると暴発してしまうからです。そして、種類によって輸卵管のなかに挿入したり、雌の体をしっかりと抱きしめて、口の辺りへもっていきますが、求愛、前戯と種類によってさまざまな愛の姿態があり、恍惚《こうこつ》の一時《ひととき》を過ごすそうです。

イカはどのようにして泳ぐと思われますか?

イカの泳ぎ方を見ていると、鰭《ひれ》を動かしているために、あたかも鰭で泳いでいるような印象を受けますが、実際はそうではなく、漏斗から勢いよく海水を噴出させて前後左右に動いています。

死んだイカを見ると、漏斗はいつもダラーッとして足のほう(前方)を向いていますが、生きているときはそうではなく、ひょっとこの面ではありませんが前後左右に動かすことができるのです。たとえば前進する時(足のほうへ進む)は胴体の先のほうへ漏斗を曲げ、海水を噴出させます。そうすると、足のほうへ前進します。後ろへ進む場合はその反対です。回転するときは、漏斗を右か左に向けて思うほうへ回転することができるのです。

スルメイカの内臓は、大昔は家畜の肥料に使われてきましたが、戦後は塩辛の材料となったり、あるいは塗料や印刷油の原料として使われてきましたが、この過程でアルコール結晶法を施すとコレステロールの粉末ができ、それが化粧品や石鹼の材料となっています。

よくイカはコレステロールが高いと言われますが、イカはタコと同じようにタウリンを多くふくんでいます。タウリンは中性脂肪を減らす効果があり、目にも良い物質で、タウリンの含有量が多ければ、少々コレステロールが高くても健康食品となるわけです。その意味で、イカのコレステロール数値は二・五くらいですが、豚や牛の一・一〜一・三くらいの食品と比べると、健康食品であると言えます。

sepiaとはイカの墨から精製した黒みがかった茶色い絵具のことで、セピア色の写真などと表現されます。もう一つの意味はコウイカ（甲烏賊）類の総称です。

コウイカは本州中部以南に分布し、舟とよばれる石灰質の甲をもち、胴は楕円形でちょうど馬蹄のような形をしており、周囲に鰭をもち、後端の先が針のように突出しています。

雄は暗褐色で、外套の背面にさざ波状の横縞があり、内湾性で、内湾及び沿岸の砂泥地に棲息しています。産卵期は四月頃で、産卵後は瘦せて身は薄くなり、水っぽくて価値はありません。特にコウイカは死ぬと墨を出す括約筋がゆるみ、ダラダラと墨を吐くため、市場に入荷するときは真っ黒になっているため、スミイカともよばれます。秋から冬にかけて旬を迎え、身肉も次第に厚くなり、張りも出てきます。春に産卵した卵が孵化《ふか》し、五センチくらいになったものが七月下旬に出はじめますが、これを新イカとよび、高値で取引されます。スミイカはコウイカ、カミナリイカ（モンゴウイカ）、シリヤケイカ（マイカ）などの総称で、実際には紋様や形が少し違います。

スルメイカは、ツツイカ目の開眼亜目に分類されています。開眼亜目とはスルメイカ、ホタルイカなどの沖合性の種のもので、眼球が直接海水に洗われているものを指し、閉眼亜目とはケンサキイカ、ヤリイカ、アオリイカのような沿岸を回遊する眼に透明な膜をもつものを指します。

ツツイカ目を英名 squid と言います。

よく外国人を連れて来るお客が判で押したように、「スクィッド」と言いますが、すし屋ではコウイカを使う時期が多く、私には説明不足に思えます。sepia が正しい表現です。

スルメイカは日本全域でとれ、細長く菱形をした鰭をもち、体長三〇センチになり、体表に無数の赤褐色斑があり、体色を変化させます。釣りあげたばかりのものは透明ですが、徐々に褐色を帯びて指で弾くと斑点が明滅し、「イカの提灯《ちょうちん》」と言われるように品定めの基準となりますが、この状態のときはまだ生きている証《あかし》です。鮮度が落ちるに従い、白色になっていきます。

このイカは日本で一番多く漁獲されるイカで、春から晩秋にかけ、前半は成長のために北へ回遊し、冬から春は交尾・産卵のために南に回遊し、一年で寿命を終えます。北の海に棲むニュウドウイカや深海に棲むダイオウイカなどの巨大なイカ類を除くほとんどのイカの寿命は約一年です。よく釣り情報に「麦いか」と書かれていますが、これは麦秋（晩春）の頃、沿岸に回遊してくる若いイカのことを指しています。暖かい海のものより北海道など寒い海のものが身も厚く締まっていて、特に日本海のものが質が高く評価されています。

東京では下田周辺でとれたものが即日入荷し、活物でも入荷します。旬は晩秋から真冬です。

〝するめ〟の主な原料はスルメイカです。よく料理書の干物の項に、「塩水につけこんでから洗って干す」と書かれていますが、この説明は誤りです。長期保存のために一番原始的な方法である「素干《すぼ》し」は、イカの薄い肉質と無脂肪と寒冷な条件によって可能なもので、塩の助けを借りて作られるものではありません。塩分をふくむと乾燥の邪魔になり、肉質が赤っぽく仕上がってしまうからです。要は、できるだけ塩から遠ざける努力をしなければいけません。

小学生の頃、映画館やあちこちの寄席で、袋詰めにされ、甘く調味された熨斗《のし》烏賊が売られていましたが、あれはローラーでスルメイカを薄く伸ばした製品です。「おせんにキャラメル……アンパンに熨斗烏賊」と言う売り娘《こ》の声がなつかしく耳に響きます。

ヤリイカは字が示す通り、後端が鋭くとがって槍の穂先のようになっているところからついた名前です。雌より雄が特に細長くなっていますが、これは卵を抱かない関係からきているのでしょう。英名は spear squid です。ケンサキイカは、ヤリイカよりも少し太く、ちょうど剣の先のようになっていて、英名は sword squid です。マカジキを英名で spear fish と言い、メカジキを sword fish と言うように、どの国でも生き物に対して共通したイメージをもつことがうなずけます。

ヤリイカの活物は、十一月初旬頃から入荷しはじめ、二月下旬までが旬です。活物は非常に高く四〇センチくらいあるものは、一杯三千五百円くらいについてしまいます。しかし、味わいに文句をつける人はいないでしょう。もっとも、生簀《いけす》のなかで泳がされているようなものは話は別で、ピエロの素顔が見えないのと同じように、外見だけで真の味わいは宿っていません。

水槽のなかでショーを演じれば演じるほど、香味は一気に落ちていきます。

アオリイカの「アオリ」に当てられた漢字「障泥」とは、馬の鞍《くら》の下に両わきをおおうようにたらす革または毛皮のことで、これはイカの両側の鰭を馬具の障泥に見立てたところからついたものです。また半円形の大きな鰭を煽《あお》って泳ぐ様からきたのでしょう。英名でovalsquidと言いますが、ovalとは卵形という意味です。

ツツイカ目にしては卵円形のためにコウイカ目と間違えやすいのですが、コウイカでない証拠は石灰質の甲がなく、ヤリイカやスルメイカと同じように軟甲があるからです。温帯に棲息し、日本では三浦半島から九州以南に多く、肥前では一夜干しされたアオリイカのスルメを「みずするめ」と言い、ケンサキイカの「一番するめ」とまた味わいを異にする素敵な味わいを秘めていますが、値を聞くとおそらくびっくりすることでしょう。秋口から冬場は、一杯四〇〇〜五〇〇グラムと小振りですが、春から夏場にかけて産卵のため浅海の岩礁に移動してきます。雨がしとしと降る梅雨の頃には一・五キロくらいのものが入荷し、活イカのなかでも超高値になってきます。それだけの価値があるイカです。一般に生きているイカの眼は黒光りしているものですが、アオリイカの眼は別の世界を感じさせるのです。コバルトブルーにアイシャドーされたなかに輝く黒《くろ》漆《うるし》のような瞳、見つめていると、ふと自分が見つめられているような、ハッと息をのむほどの感動を私に与えてくれるものです。

イカの味わい

イカの旨みは種々の甘味を呈するグリシン、アラニン、プロリン、バリン、アデニル酸などのアミノ酸、核酸関連物質、窒素成分から成り立っています。これらの組成がイカの味わいを決定するわけです。この組成は産卵を境として変化し、旬ということは含有成分の数字の伸びと深い関係をもってくるのです。

コウイカは甘味と香味に欠けるところがありますが、こくがあります。シャリとの調和はイカ類随一です。しかも歯ぎれがよく、わさびの香りがいっそう引き立ちます。活物に限り、肝臓は素敵な風味を宿しています。くどさはなく、上品な味わいです。

スルメイカは纖維が硬いために、すし種としては不向きで、糸造りにして握ってもシャリが先にのどを通りすぎ、すしらしさは生まれません。あくまでさしみとして食べたほうがおいしいはずです。

私はスルメイカを食べるたびに強い酸味を感じます。しかも旬になるといっそう強く感じられ、わさびとはしっくりなじまないようです。わさびとその酸味が喧嘩して、お互いが引き立たないからでしょう。ですから、生姜《しょうが》醤油がおいしい出会いになるわけです。

ヒスチジンという物質は魚類でも赤身肉の魚に多くふくまれ特有の呈味を示しますが、白身魚や軟体動物にはあまりふくまれていません。しかし、スルメイカだけは別で多くふくんでいます。

ヒスチジンは酸味を呈するアミノ酸です。

肝臓は塩辛や塩焼にすると濃厚な味わいで、イカのなかで一番脂質に富んでいますし、濃厚でたいへん美味しいものですが、最近ではコウイカの肝のほうが私の好みに合うようになってきました。嗜好は年齢とともに変化するのは当然ですし、それは肉体が要求することだからです。昔は毎日のように牛のロースを飽くことなく食べていた時期もありましたが、今ではとうてい考えられません。しかし、脂肪から遠のくにつれ、食べ物の輪郭が少しずつ見えてきたように思えるのです。

スルメイカは煮イカにすると香味の強さがぐっと生きてきますが、上手に炊かないと硬くなりやすく、シャリと一体とはなりません。すし屋では煮汁を何回も濾《こ》して使いますから、イカのエキスが凝縮して、より豊かな風味を醸してくれるのです。このエキスと煮ハマグリの煮汁のエキスで作ったおからは、最高に贅沢《ぜいたく》なご馳走《ちそう》です。

下足《げそ》は特に硬くなりやすく、軽く火を通したほうがよいでしょう。志賀直哉の『小僧の神様』ではありませんが、店の常連だった古老が、「日本橋魚市場時代の小僧のころは、屋台のすし屋で、よく下足ばかりつまんだものだ」と言っていましたが、理由は何よりも一番安いすし種だったからでしょう。

活ヤリイカの身上は何よりもコキンコキンという音響と、噛みしめたあとにまるでクレッシェンドの調べを奏でるように舞い広がる、豊かなやわらかい甘い味わいでしょう。特に細長い透明な鰭の糸造りを口にふくむと、イカの歯ざわりとはこういったものかと納得するに違いありません。

アオリイカの味わいはねっとりと、まるで雲のなかにいるようなゆったりした諧調の甘味です。同じ甘味でもヤリイカの軽快な味とは違い、どっしりと根を張った味調です。王者の風格といっても言い過ぎではありません。

肝臓は不思議な魅力がありますが、初めて食べる人にはいくらか抵抗があるかもしれません。独特な匂いがあるからです。この肝と同じ匂いが何万分の一かわかりませんが、身肉にも漂っています。それが腰のすわった味わいの正体かもしれません。

resinous taste《レジナス テースト》（樹脂の味わい）。

私には消え入りそうなゴムの樹の匂いが感じられてなりません。

左ヒラメに右カレイ

葛飾北斎「汐干狩の図」に描かれている扁平な魚は、ヒラメ（鮃目）です。ヒラメが画材になることはあまりなく、普通はカレイが主ですが、両者を区別するために黒い背を見せているのがカレイで、白い腹を見せて描かれているのがヒラメというのが常識です。

『魚鑑』に「板魚」、『本朝食鑑』に「比目」と記され、英名は flat fish で、それぞれ特徴をよくとらえています。

「左ヒラメに右カレイ」と言われるように、ヒラメの両眼は体の左側にあります。しかし、初めてヒラメやカレイを見る人に説明するには、この表現では説明不足です。たとえばヒラメの頭を右に置いてどちらかを問うと意外に考え込んでいる人がいます。まさかと思う人は魚の知識のある証拠で、一般のレベルはそんなに高くありません。切り身で魚が泳いでいると思っている子供もいる時代です。そして、「左ヒラメに右カレイ」という言葉を思い出し、カレイと答える人がほとんどです。みなさんのなかにも意外と理解していない人がいるはずです。

通常、ヒラメでもカレイでも眼のある表を背、裏を腹とよんでいますが、本来は背と腹ではありません。

ヒラメは三、四月に産卵期を迎え、三十万〜四十万粒の浮遊卵を産卵しますが、卵巣は一度に成熟しないので、数回にわたって産み落とされます。二、三日で孵化し、浮遊生活をしますが、この頃はアジやサバといった普通の魚の幼魚と同じように、眼は体の両側にあって泳いでいます。まず右眼が前頭部をこえた側に移動し、眼が二つそろうようになり、変態が始まります。孵化後三週間ほどすると、一〜一・五センチになります。ですから、海底に密着する下面の白い部分はヒラメの右半分であり、上面の黒っぽいほうは左半分というわけです。それと並行して垂直だった体は右傾し、ヒラメ形となり、着底します。当然、頭を食べるときに注意して神経を見ると、はっきり交差しているのがわかりますし、頭蓋骨・脳の一部もよじれているのが見られます。「左ヒラメに右カレイ」と言うのは、眼のある上面を上にするのは当然ですが、さらに内臓の入っている部分を手前にして見たとき、眼の位置が右にあるか左にあるかという意味なのです。

眼が片側に寄ることで索餌《さくじ》と敵を見つけやすくなるわけで、敵から身を隠すために砂のなかに潜り、眼だけギョロギョロ動かしながら、ゴカイなどには眼もくれず、カタクチイワシなどの小魚、イカ類を犬歯状の歯がならぶ大きな口でジャンプするようにして捕食します。中国で「牙鮃」というのは、ここからきていますし、ヒラメの別名をオオクチとかオオクチカレイと言います。

魚は鰓《えら》を開閉しながら呼吸するわけですが、このように動かずじっとしている魚は、鰓の上部の一カ所が孔のようになっていて、鰓を動かさなくても呼吸ができるようになっています。オコゼもあまり動く魚でなく、たまに這うという程度ですが、生簀《いけす》のなかの姿を見ていると、鰓はたまにしか動かさず、その上部の端の小さな皮が規則正しい間隔で「プクッ……プクッ」とかすかにめくれるのを見ることができます。

カレイは一般に口は小さく、ヒラメのような歯はありません。これは食性の違いであり、両者の判別の基準にもなっています。

「鯒《こち》の三十、鮃の四十」という言葉がありますが、ヒラメは獲物を見つけると、すばやい動作で口にくわえますが、くわえただけですぐ飲みこもうとせず、ゆっくりと食べる性質をもっていますから、当たりがあったからといってすぐ竿を立ててしまうと鉤《はり》がかりしません。ですから、タバコを一服したり、お茶でも飲む余裕をもつことがヒラメ釣りの極意です。私の店で冬場は毎日釣りの活物を仕入れますが、鉤が口のまわりに刺さっているということはまずありえません。いつも胃袋のなかから見つかるのを見ても、餌を十分に飲みこませているのがわかります。

底魚は保護色をもっていて、まるで忍者のような変装の名人がいますが、そのなかでもヒラメは最たるものでいくつかの色素細胞群をもち、この色素を収縮したり拡散したりして、砂地の色や模様の背景と同じように化けてしまいます。私は水族館で、ヒラメの標示のある水槽のなかを一生懸命覗いて探しましたが、見つからなかった経験を何度ももっています。アワビやサザエを潜ってとった経験のある人ならわかると思いますが、私などは海女《あま》と一緒に潜って「ほらここ」というふうにアワビを指さされても、岩場だけしか見えず、自分の眼を疑ったものでした。

「寒ビラメ」という言葉は旬を表わしています。一キロ以下のものを関東では「ソゲ」とよび、ヒラメと区別しています。真冬は一・五〜二キロ強のものに断然たる味わいがあります。時期外れの場合は、産卵に関係のないソゲのほうが、魚体は痩せ細りませんから、食味に耐えられます。ヒラメは一年中入荷しますが、旬でないものは力強い張りはなく、弛緩した水っぽさが感じられ、滋味の豊かさはありません。

ヒラメは硬い細鱗におおわれているため、下ろすときはまずこの鱗を取り除かねばなりませんが、鱗《こけ》引きで強引に引いても取りきれるものではなく、身を弛緩させ台無しにしてしまいます。取り方は尾部のほうから皮と鱗の間に包丁を入れ、鱗を引かねばなりません。馴れないと肉のほうに包丁が入ってしまうので、いささか習練が必要です。頭も捨てずに二つに割り、潮《うしお》にしたり煮ものにして賞味します。鰓も大切なご馳走ですから捨ててはいけません。

鰓とは、水生動物の呼吸器で、よく魚の鮮度の目安になっている鰓蓋の内側にある赤いビラビラした器官です。ここで炭酸ガスを出し、酸素を取りいれます。取り立て味がどうのというものではありませんが、チリチリした歯ざわりは不思議な味がします。特に鰓を支えている両側の小さな筋肉は面白い味調です。もっとも、どの魚でも鰓が食べられるというものではありません。

魚は身肉以外に食用となる部位がたくさんあり、精卵巣、肝臓以外にも骨、心臓、腎臓、腸なども食べられます。

ヒラメの鰭《ひれ》の基部の肉は、「エンガワ」とよばれ、珍重されています。昔は炊いて食べたもので、酒の肴に向いています。軽く塩焼にしたものも逸品です。最近は生で食べるのが主流で、コリコリした歯ざわりと軽い脂の味わいに人気があるようです。しかし、真二キロクラスの一枚のヒラメからすし種にして十カンほどしか取れません。しかも、真冬以外はまったく脂がないのが現実です。ヒラメのさしみがないのにエンガワだけ売っている店がありますが、それはアラスカ産のカラスガレイです。体長一メートル、体重は四五キロにもなる北洋のカレイの一種です。ヒラメのエンガワとは味わいに雲泥の差があり、美味しいものではありません。

ヒラメは上面と下面で肉の色合いや厚みが違います。上面の身肉は少し黒っぽく、下面は透明な白色です。上面は厚く下面はやや薄くなっています。しかし、エンガワの厚みは上面は薄く下面が厚くなって脂が乗っていますから、エンガワは下面の白色のもののほうが勝れています。

ヒラメの内臓も素敵な味わいがあります。特に肝臓はおいしく、旬になると淡黄色になってきて、炊いても、薄く引いてさしみにしてもなかなかのものです。ほとんどの魚に言えることですが、時期外れの肝臓の色は、赤と紫を混ぜた臙脂色《えんじいろ》で、この色のものは脂肪がなく、火を通すとパサパサして、淡黄色の肝のようなねっとりした甘い味わいはありません。肝にもさまざまな匂いがあり、なかには魚臭を感じさせたり、脂質が強すぎて嫌味なものもありますが、ヒラメは調子が高く欠点がありません。同じような体形のカレイ類の肝は、ホシガレイは別格として、私に好ましい印象を与えるものは少なく、豊後の城下ガレイと同じ種類のマコガレイでさえ固有の臭気が感じられることがよくあります。肝と同じ臭いは特にエンガワに強く出ますし、身肉にも宿ってしまいます。ですから、カレイを選ぶときは、個体差に気をつけねばなりません。カレイ類の嫌悪すべき臭気とは——松の小枝から、かすかに舞いおりてくる松葉の湿った青くささのように感じられてなりません。

ヒラメの卵巣（真子）の味わいも親と同じように淡白で癖がありません。白子にも同じことが言えますが、一匹でひと口分しかないのが残念です。日本酒の肴にした場合、ヒラメの真子や白子は淡麗な水のようなのどごしの酒に合うでしょう。ちなみにムツ子を肴にした場合は、少々こくのある麹《こうじ》の匂いが立った酒のほうが合うのではないでしょうか。

ヒラメやヒゲダラのように脂の少ない魚は、昆布締めにするといっそう味が引き立ってきます。昆布締めを作る場合は活物より、死後硬直が始まり、硬直が最高度に達したときに作ったほうが、イノシン酸の生成が十分になされ、旨味が出てきます。ですから、最初から昆布締めを作る目的で仕入れるときは、わざわざ高価な活物を買う必要はありませんし、野締めのものなら半値近くで買うことができるのです。

イノシン酸は単独で味わうよりも、グルタミン酸との相乗効果で、一プラス一は二という数字ではなく、五とも六ともなるわけで、さしみに醤油をつける理由は魚の臭い消しばかりでなく、塩分の呈味と大豆にふくまれるグルタミン酸との相乗効果が狙いです。

ですから、昆布締めの目的はヒラメのイノシン酸をコンブのグルタミン酸でおおうことによって味わいを深くしようとする知恵にほかなりません。

活物は身肉が活《い》かっているために生命の躍動を伝えるかのような弾力が感じられます

から、包丁を入れるにしても薄く引けば引くほど、生きている肉の響きが際だって、さまざまな色を放つ玉虫のような光彩のなかに、ゆったりと広がる繊細な風味が、泉のようにこんこんと湧いてくるのを感じることでしょう。

アンコウの肝よりおいしいムツの肝

仙台藩主、伊達陸奥守《だてむつのかみ》を呼び捨てにもできず、遠慮してつけられた名が「ロクノウオ（六の魚）」です。

ロクノウオのことを、相模湾一帯で「オンシラズ（恩知らず）」といいます。親は深海性で水深二〇〇〜五〇〇メートルの本州太平洋側に棲み、晩冬から春にかけて産卵のため浅場へ移動し、産卵後、再び深場へ落ちていきます。孵化した幼魚の成長は早く、内湾の藻場で生活し、五月には五センチ、秋には一五〜二〇センチになりますが、すぐには親の棲む深場へ戻らないところから、親を見捨てた親不孝者という意味になるのです。

脂っこいことを言う方言に、「ムツッコイ」という言葉がありますが、ムツッコイ魚、ロクノウオを正しくはムツ（鯥）といいます。

クロムツはムツにそっくりですが、体色がムツより黒いところからきた名前です。

アカムツはスズキ科の魚で、ムツに似ていますが体色は赤く、両顎《あご》に犬歯はありません。日本海側ではノドクロとよんでいます。

広い意味で回遊とは移動することを指し、回遊しない魚はほとんどなく、そのなかにも三種類の回遊があります。

季節回遊は、魚が適水温を求めて移動することで、一般的に春から夏にかけては浅場に、秋から冬にかけては比較的水温の暖かい深場に移動することです。これは内湾性の魚にも見られ、ハゼやアナゴなども秋から冬にかけて深場に落ちていくことは釣りをする人なら誰でも承知していることです。

索餌《さくじ》回遊は餌を求めて回遊することです。

プランクトンは魚の食物連鎖のもととなるもので、魚の幼期はほとんどこれのみで育ちますし、成魚でも主食とするものが多く、クジラの仲間やジンベイザメのような大きな魚も、プランクトンのオキアミなどを主食としています。プランクトンは、海に平均して分布しているものではなく、イワシ、サバなどはプランクトンの豊富な場所を求めて回遊します。さらにこれらを餌とするマグロ、カツオ、ブリなどもイワシ類を求めて回遊するわけです。

「朝まずめ、夕まずめは魚がよく釣れる」と言われますが、理由は魚には垂直回遊するものが多いためで、これも食物連鎖の一つです。昼の太陽光線のまぶしい時間帯は、釣りをしても成果はあがりません。

植物性プランクトンは光合成を行なうために太陽の光を求めます。それを餌とする動物性プランクトンは、光を嫌う性質をもっていますから、日中はかなり深い所に沈んでいます。そのため、海の表面近くにいる植物性プランクトンを食べる時間帯は、当然、太陽光線の弱い明け方や夕方になるわけです。動物性プランクトンを食べる小魚も、当然、表面近くまで浮上し、さらに小魚を追って中型魚や大型魚も後に続きます。明け方や夕方に魚が釣れる理由はここにあるわけです。

産卵回遊は産卵場を求めて移動することです。たとえば川を上ったり下ったりするもので、平常は海に棲み、産卵期になると川を上るものにサケ、マス、チョウザメ、ワカサギなどがあります。反対に通常は川に棲み、産卵期になると川を下るものにウナギ、アユ、カジカなどがあります。

一般的に、海水魚は生殖期になると産卵場を求めて陸地に近づいてきます。定着魚といわれるコチ、アンコウ、外洋性のサンマでさえ陸に近づいてきますし、ニシンやハタハタなどが大群で押しよせてくるのはよく知られていますが、定着魚であるムツもこのなかに入ります。

産卵回遊の当然の結果として、幼魚の深場への回遊がありますが、幼魚が急に深海へ戻ることは、即、死を意味します。まだ魚体が十分でなく深海での生活に耐えられません。産卵期になると岸近くに移動する理由は、幼魚が生長するために必要な餌が豊富にありますし、隠れる場所もたくさんあるからという親心に違いありません。ムツの場合、三〇センチほどの二歳魚になってから親の棲む深場へ移動できるようになります。ムツの親にしてみれば、これは百獣の王ライオンが絶壁から子を落とすにも似た心境であり、子にしてみれば断崖をよじ登るための試練であって決して恩知らずではありません。しかし、このように考えるのは私の勝手な想像で、実際はほとんどの魚に親子関係はありません。しかし、なかには例外もあり、ギンポ類、アイナメ類は卵を産んだ後も世話をします。雌は卵を産むとすぐに去ってしまいますが、親魚の雄は卵の見張りをし、他の魚が卵を食べに近づくと追いはらい、胸鰭《むなびれ》を激しく動かして海水を卵に送り、酸素を一生懸命供給し、孵化するまで熱心に見守ります。なかには一カ月も世話をする魚がありますが、そのなかでも特に子煩悩なのは、ヨウジウオ科のタツノオトシゴです。

ヨウジウオ科は、楊子のように細長く棒状のところからついた名前です。体は骨板におおわれ、頭は体と直角、吻は長く突き出し、尾は丸まっています。私はたいていの魚を食べてきましたが、いまだにこの魚を食べたことはありません。直立したまま小さな背鰭と胸鰭で動き、静止するときは他の物に尾を巻きつかせます。日本の西南部に多く、内湾のアマモ場に棲む体長八センチほどの暗褐色の魚です。鑑賞用の魚として水族館などで飼われていますが、外貌が想像上の竜に似ているところから、「竜之落子」と書かれたり、「海馬」ともいわれ、英名はsea horseといいますが、私には何か宇宙人のように見えて仕方ありません。

夏になると、この魚の腹の下が大きくふくれているものと、そうでないものとが見られます。腹のふくれているほうは、その部分が袋のようになっていて、そのなかに卵かあるいは孵化した親と同じ格好の小さな稚魚がたくさん詰まっています。卵を肌身離さずかえしているわけですが、この魚の内臓を調べてみると、卵巣はなく精巣があり、腹のふくれていないほうは精巣はなく、卵巣をもっています。

要するに、腹のふくれているものが雄、逆が雌ということです。雄は袋の上部に小さな孔をもち、雌はこの穴のなかに一粒ずつ卵を産み込み、卵が穴を通過するとき雄は放精して受精させ、この袋のなかで一カ月近くじっと面倒をみます。やがて育った稚魚は一匹ずつ袋から出ていきます。これを見ても、母性愛より父性愛のほうが強いということが魚の世界の現実なのです。

過去に一度だけムツを釣りに行ったことがあります。三浦半島久里浜湾にある「ムツ六」という船宿で、釣り場は三崎沖です。当時は電動リールなどなく（まだ出始めで高価に過ぎました）、ただ肉体労働をしたという印象ばかり残りましたし、私はおでこ（一匹も釣れないこと）でムツの顔を見ることはできませんでした。

築地市場への入荷は、東京湾口、安房天津《あまつ》、伊豆稲取のものが多かったようでしたが、最近は主に銚子沖のものが入荷します。私が市場へ通いはじめた頃はキロ千二百円くらいでしたが、最近はキロ五千円が相場で、さしみで食べられるようなムツは高級魚となりました。幼魚は黄褐色で、口内は白く、炊いて食べると軽くあっさりした味わいです。成魚は紫褐色で、目は大きく下顎が少し突き出た受け口で、口内は黒く、特に犬歯状の鋭い歯が私には悪魔の形相に見えるのです。というのは何度か痛い思いをさせられた経験があるからです。

深海魚は釣り上げられると、急激な気圧の変化のために内臓が口から飛び出しそうになる場合が多く見られますが、ムツも例外ではありません。このような魚は口を大きくあけたまま硬直します。鱗を引くときは頭を手で必ず押さえます。よほどボーッとしていたのでしょう。何かのはずみで指が口のなかに入ってしまいました。チクッとしたので反射的に指を抜こうとしたからたまったものでありません。何十本もの針を刺しこまれたような痛みに思わず息を呑みこみました。こういうときは反対に指をさらに奥に入れてから、口を大きく開いて指が歯に刺さらないようにして、ゆっくり引き出すようにしなければいけません。このての傷ほど血の止まらないものはなく、すぐ化膿してしまうものです。

ムツは煮魚だと思っている人が多いようですが、まずさしみをお勧めします。一キロ以下は水っぽく、三キロ以上のものは大雑把な味わいを感じてしまうでしょう。肉質は紅潮した肌のような色合いで、ねっとりした甘い脂肪の風味が漂ってきます。もっとも貴族的なワインの位置づけのように香味が高いというわけではありませんが、地方の秀でた地酒ワインを飲むような玄人《くろうと》好みの味わいと言ってよいでしょう。

内臓の味わいは秀逸です。深い海に棲む魚は充実した肝臓をもっています。理由は餌の少ない深海では、いつ餌を捕食できるかわからないために、栄養を肝臓に貯える必要があるからです。ムツの肝臓は紅褐色で大きく、胆汁嚢は紐状に細長く、気をつけて取り除かないと腹のなか全体が苦くなってしまいます。アンコウの肝より脂質は軽く、酒の味を損ねることはありません。胃袋も快調なテンポで心地よく、特に幽門垂の舌ざわりは絶品です。幽門垂とは、胃と腸の間にある脂状の盲嚢です。トリプシンをふくんだアルカリ性の消化液を分泌して小腸に送る細管のことで、魚類により数はまちまちで、ゼロからほとんど無数に近いものまであります。この塊を弱火でこってり炊くと、魚の内臓とはこんなにおいしいものかと礼讃されることでしょう。

最上位にランクされる魚卵のなかにムツ子があります。昭和四十年頃までは、ムツ子だけ売られていてよく酒の肴にしたものです。ピンク色の卵膜のまわりを鮮やかな深緋《こきひ》色《いろ》の血管が張りめぐり、ひと目でムツ子だとわかるほどの色調を帯びています。卵のもつ芳しい香りと真綿に包まれているような感触はタラ子の比ではありません。

白子にしてもトラフグに対抗できるのはムツをおいて外にありません。口中に満ちてくる温もりに思わずほほえむことでしょう。

出世魚サワラとワラサ

「鰆」と書いて「サワラ」と読みます。瀬戸内海では春先暖かくなると、沿海や内湾の表層に産卵のために現われるので、春を告げるところからついた名前です。

本州中部以南の沿岸、沖合に広く分布するサバ科の魚で、胴体は細長く側扁し、体側上に青褐色の斑点が七、八列並び、体長一メートル以上、五キロくらいになります。魚食性が強く貪食で、内側に曲がる強大な鋭い歯をもっています。

「寒ザワラ」という言葉がありますが、これは関東では、一、二月の脂の乗ったサワラを珍重するところからきた言葉で、築地市場ではこの時期、御前崎周辺を回遊するまるまると太った逸品が入荷します。瀬戸内海では春、関東では真冬を旬としています。

サワラとワラサは混同しやすく、間違って覚えられている場合が多いようです。サワラは「魚大なれども腹小に狭し。故に狭腹と号《なづ》く。さは狭少なり」と貝原益軒が『大和本草』で書いているように、腹部に張りがなく貧弱に見えるところからついた名前です。

サワラに高い評価を与える瀬戸内海伊予では出世魚として、サワラゴ→グッテラ→サゴシ（狭腰）→サワラと四段階の評価を与えていますが、それぞれの大きさで食味の違いを認識しているからでしょう。

東京ではワラサを出世魚として、ワカシ→イナダ→ワラサ→ブリと区別しているように、ブリの手前、五～七キロの大きさのを指す言葉です。

サワラのさしみは上品で淡い脂肪の甘みが豊かに広がりますが、これは釣りたての場合に限ります。この魚はもともと水分が多いために、硬直、解硬の速度が早く、一日置いただけでもさしみとして賞味するにはやわらか過ぎ、すぐ身割れしてしまいます。ですから、出刃包丁を一人前に使えるかどうかは、このサワラとマナガツオを下ろさせるとすぐにわかります。サワラを身割れしないように下ろせれば、まあ一人前です。マナガツオも骨がやわらかく、身と骨の間に的確に出刃を入れるにはそこそこの習練を必要とし、中骨に身を残さず、骨も傷つけないように下ろすには、かなり神経を集中しなければなりません。

ですから、サワラを仕入れると、心ある仲買人は、板切れにそっと乗せ、頭と尾を固定して、身に決して負担をかけないように、細心の注意を払って店まで運ぶ心遣いをしてくれるものです。そうしないと魚の価値が一気に低下してしまいます。魚の価値は釣りあげたときの処置の仕方、輸送の際の気遣いというものがいかに大事か理解でき、そこに商品価値が生まれてくるのです。

ですから、市場で買出し人が身の傷みやすいカツオを選ぶときの魚の持ち方ひとつ見ても、その人の魚に対する思い入れが手にとるようにうかがえるわけです。なかには尾だけ片手でもって裏返したりしている現場をまのあたりにすると、その人がどの程度修行した人か、すぐわかります。

サワラの魚卵は昔からたいへん珍重され、塩漬け、圧《お》し、日干しをしてサワラのカラスミ（唐墨）が作られ、名産として高松藩では将軍家にも献上してきましたし、もともとカラスミというのはサワラの卵巣で作られたものでした。古書に、刀豆《なたまめ》の莢《さや》のようだと書かれていますが、ボラコ（鯔子）のように厚みはなく、サバの卵の大きいものという印象です。

明るい柑子《こうじ》色《いろ》の卵を薄い卵膜が包み、鮮明な細い血管が無数に走っています。そのまま煮つけてもおいしい肴です。しかしカラスミとしての評価は、ボラ子に二歩も三歩も譲らねばなりません。甘渋いところはどちらも共通した味わいですが、根本的な違いは香りの高さ、清澄さ以外には考えられません。粘着性のある濃厚で香しく絹のようなのどごし、その奥に針の先のようにまっすぐに立ち昇る蜂蜜のような甘ったるく気だるい香味。十一月、私はボラのカラスミ作りに神経を集中しています。作り始めて二十年になります。毎年三十本ほど日干しをしますが、このなかに、こういった香味をもつカラスミが何本できるでしょうか。

二週間ほど塩漬けしてから塩抜きしますが、日干しするために塩抜き後の天気まで予想しなければなりません。昼は日干し、夜間は圧しを繰り返します。最初の日干しのときほど感動するものはありません。太陽の光の洗礼をはじめて受けた瞬間、色合いに微妙な変化が兆し始めます。その時点で、近い将来、どのような色調にできあがるかということを、経験的に予想することができるようになりました。

塩抜きされたボラ子は鈍い深支子色《こきくちなしいろ》をしています。それが光を吸ったとたん、萱草色《かぞういろ》に変わるものが多いなかに、二、三割の割合で深い柿色に染まるものが出てきます。紅子といいます。この紅子こそ、三大珍味のひとつであるカラスミのなかでも断然たる地位を占めているのです。

サワラの料理法には幽庵焼（醤油、味醂、酒の幽庵汁に柚子《ゆず》の輪切りをそえ、半日ほど切り身を漬け込む）、西京焼、塩焼、蒸し物などがありますが、酢締めにすると素敵なおいしさが生まれ、シャリとの調和もよく、備前、備中では昔からちらしずしの材料として親しまれてきました。

私もときどきすし種として仕込みをしますが、魚体が大きいため塩加減、酢加減がなかなか難しく何度か失敗したものです。

見た目の美しさこそありませんが、味わい馴れると地味な諧調の心魅《ひ》かれる味調を感じるに違いありません。

酢締めのすし種として関東はコハダ、関西ではサワラが賞味されてきましたが、関東と関西の嗜好の差が理解できるのです。

コハダは刺激的な不協和音を奏でる酸臭を訴え、サワラは哀愁をおびた低音の和音を奏でるような調べを感じるのは、私だけでないはずです。

用心深い食通カワハギ

「形状は大へん醜く、頭は方頭魚《くずな》に似、状はほぼ鮫《さめ》に似ている」と古書に書かれている魚はカワハギ（皮剝）です。方頭魚とはアマダイ（甘鯛）のことで、額が著しいおでこ型のところからきています。状はサメに似ているというのは、体表がサメ皮のようにザラザラとし、まるで鞣革《なめしがわ》に細かい砂粒を吹きつけたような表皮の感触を指しています。英名をfile fishといいます。「ファイル」とはやすりの意味で、鱗の退化した魚、及びカワハギ類の総称です。

わさびを下ろすときは、サメ皮を使用しますが、ふと思いついてカワハギの皮で下ろしてみたことがありますが、粗い突起がないため労力の割に効果は期待できませんでした。

形状はたいへん醜いと表現されていますが、昔、水槽で魚や貝を飼ったことのある私には異議があります。

カワハギの行動を見ていると、必ず二匹が戯れているかのように同心円を描きながらくるくるまわっているのを目にします。背鰭《せびれ》と尻鰭を波状に動かし、尾鰭を器用に扱いながら、おどおどした眼をくりくり動かして泳いでいる姿は、ちょうどヘリコプターが旋回しているような軌跡を見ているようで、むしろ愛嬌のあるユーモラスな印象を受けてしまうのです。

カワハギはフグの仲間で、日本中部以南に分布し、沿岸近くの浅場から水深一〇〇メートルまでの岩礁と砂場の混じった海底に棲息しています。著しく側扁し、体高は高く、体長は短い菱形で、第一背鰭とよばれる棘が眼の上部少し後方にあり、動かず、第二背鰭は軟条で雄は糸状にのび、外観で雌雄の判別ができます。成魚は小さな門歯状の歯の口から勢いよく水を吹きだし、海底の砂を払い、ゴカイなどの多毛類、甲殻類、貝類を噛みきりながら食べ、五〜八月に産卵します。大きいものは三〇センチほどになります。

マダイ釣りのとき、外道としてよく釣りましたが、狙って釣ったことはありません。カワハギは餌取り名人で、私の腕では無理なのを承知しているからです。餌はエビ類、ゴカイ類、アサリのむき身などを使いますが、非常に猜疑心の強い魚で、餌をすぐ飲みこもうとせず、唇でちょんちょんつついて味見するため、名人でないとなかなか釣れない魚です。

人間の舌の味蕾《みらい》に当たる感覚球で魚も味を感知します。脊椎動物のなかで、口中以外で味を感じることのできるのは魚だけです。

魚の味蕾は口内にもありますが、ヒゲ、ヒレ、エラにも多く点在します。ドジョウ、コイはヒレに、タラはヒゲとヒレ、ヤツメウナギはエラとノド、ナマズは口やヒゲだけでなく体全体に味蕾があり、体の表面で味を感じることができるのです。

カワハギの味蕾は唇にあり、他の魚と同じように甘・酸・辛・苦の四つの味を感じるそうです。陸上の動物は水溶性の物質を味覚が、香りのような気体状の物質を嗅覚がたずさわって、その物質が何であるか識別するわけですが、水中の動物は、すべて水のなかに溶け出した物質を嗅ぎわけねばなりません。各種アミノ酸を私たちは味蕾で判断することができますが、嗅覚で判断することはできません。ところが、魚は水に溶けたアミノ酸の香りも味も感知でき、魚の種類によって好むアミノ酸も違うそうです。そういったことを脳がつかさどるわけです。

一般に魚の脳を見ると、神経中枢は脳と脊髄です。脳からは脳神経、脊髄からは脊髄神経が出ています。脳は非常に小さく、頭蓋腔のなかを十分満たすことができないために、頭蓋腔をおおう硬い膜と脳のまわりをおおっているやわらかい脳膜との間には、脂肪のようなドロッとした液体がつまっています。要するに、何かの衝撃で脳の損傷を防ぐために神が手を下したのでしょう。よく小魚の塩焼を食べる際、頭骨を噛みくだくとネットリとした甘い味わいを感じるはずですが、これが頭蓋腔の液体です。仕込みどき、私はタイ、ムツ、シマアジ、ハタなどの頭を梨割りにしますが、必ずこのヌルヌルした部分を口にふくみます。生で食しても甘味があり、その奥にかすかな苦みを感じますが、これがなかなか乙な味で病みつきになりますし、なんとなく自分の脳味噌に栄養がついたような錯覚を覚えるものです。ですから、活締めの後の心臓なども生のまま口に入れるときもあり、急に心臓が丈夫になったような気分になってくるのです。

脳の最前の一対は嗅葉で、鼻腔に向かって嗅覚神経を出しています。その次に大きな視葉があり、神経が視覚器官に出ています。要するに、嗅覚と視覚が発達しているわけです。

そういった意味でも用心深いカワハギは、アミノ酸の種類を特に感知することができ、人間でさえこうはいかないと思われるほど気にいらないものは口にしない食通ではないでしょうか。このように想像するだけでも、この魚がほほえましくなってきます。

カワハギは夏に産卵し、秋から冬にかけて魚体が充実してきます。築地市場にはこの頃になると、たまに活物で入荷します。大きいものは五〇〇グラム。外から見てもわかるくらい腹部がふくらんでいるものは、肝臓が十分に発達している証拠ですし、この大きさのものに本当の味わいが宿っています。

魚の肝のなかでも五本の指に入る逸品です。漆黒の瞳のまわりは、まるで金環食に見られるような黄金色に輝き、生きている筋肉はやわらかな弾力のなかに引きしぼった弓のような緊張を漲らせているでしょう。

下ろし方は、まず背鰭と口先を切り落とし、皮を尾の方へ向かってビリビリと一気に剝ぎ取ります。肝はやわらかく傷つきやすいので、壊さないように注意して取り出さねばなりません。肝の裏側に肝臓から分泌される淡黄色の胆汁を貯える袋状のものがついています。胆汁は脂肪の消化を助ける液体ですが、決してつぶしてはいけません。驚くほど苦く、一滴でも他の部分に付着するとすべて苦くなってしまうのです。二日酔いのときなど、この胆汁を口に入れただけで目がさめ、胃腸がすっきりしたような気持ちになるものですが、これこそ「良薬は口に苦し」を地でいっています。

カワハギの胆嚢は淡黄色と書きましたが、一般的には緑色を呈しています。

フグの仲間であることを証明するかのように薄造りが適しています。〝あら〟はちり鍋にしてもフグに似た歯ざわりを感じます。軽く干して焼いたものは筋肉の繊維を噛みしめる食感が、よりいっそう酒の味を引き立ててくれるのです。

煮肴にしても肝といっしょに炊くと、身が淡白なほど素材が生きてきます。背鰭、尻鰭の付け根のぷりぷりした筋肉を丹念にほぐして食べるのも楽しみのひとつです。

しかしトラフグの味調より調子が低く感じられる理由はどこにあるのでしょうか。

私はカワハギに独特の香気を感じてなりません。みなさんも感覚を研ぎすますと、きっと同じ印象を受けることでしょう。甘ったるい空を舞うような味調のフグ、潮だまりに佇んでいるような錯覚さえ受けるカワハギの磯の藻の匂い、そこに調子の高さの違いがあるように思われてなりません。

しかしこれは、最上級のトラフグにして初めて言えることで、並のフグや養殖のフグなどと比較すると、はるかにカワハギのほうがおいしいのは言うまでもありません。

味噌に香る魚たち

味噌は日本古来の独特な醸造調味料であり、「手前味噌」という言葉があるように、地方や家々によって作り方も異なり、全く同一の味噌というものはありません。味噌は長い歴史のなかで育まれた固有文化だからでしょう。

味噌の記録は『万葉集』の古歌から出てきますが、実際に庶民の生活に根をおろすのは、身分の低い武士が政権を握った鎌倉時代からです。常に戦時体制のなかにある状態のため、早めしイコール腹いっぱいという食習慣ができ、その習慣が主食の米と副食の菜、すなわち、この頃できたたくわんとの簡素な食膳が庶民に普及するようになったわけですが、この食事を容易にするためには味噌汁の常用が必要となりました。これが一汁一菜です。鰹節の製法もこの頃確立したのは興味深いことです。ちなみに、「たくわん」とはたくわえつけるという意味で、江戸初期の禅僧沢庵《たくあん》が発明したと伝わっていますが、実際にはさらに以前からあり、たくあんという表現は、彼が愛用していたところから、たくわんがたくあんになったようです。

このようにして味噌汁とたくわんの匂いがその後の日本人の食習慣となっていったわけです。「味噌べったり焼生姜」という言葉は、度を過ぎた吝嗇家《りんしょくか》のことを言います。落語『味噌倉』の主人公の吝嗇屋吝兵衛の咄は笑えぬ淋しさが漂ってきます。店で出る味噌汁にはいつも実が入っていない。あるとき椀のなかをのぞきこむと、何やら小さな円《まろ》やかなるものが二つ入っている。よく見ると、汁に映った自分の眼玉だった。何か実を入れてほしいという店の者の願いに吝兵衛いわく、「擂粉木《すりこぎ》があれだけ減っているのだから何か入っているだろう」

じっと椀を見つめていると、針金の先がかすかに音をたてているかのような物悲しさを私はときどき感じてしまうことがありますが、そういった味噌汁に対する感傷が郷愁を生み、いつの時代でも「おふくろの味」の筆頭にあげられる魅力となっているのでしょう。味噌は日本の味の象徴といっても過言ではありません。

しかし、この味の象徴ともいえる食文化を昨今のインスタント食品などが、実際にはいかに冒瀆していることでしょうか。大事なことは食文化を継承しようとする努力なのです。

「命は食にあり、心は味にある」といいますが、簡便性の追求だけが食文化ではありません。そこには何の感動も湧いてきませんし、日本の食文化の失墜を危惧するのは私だけでないはずです。

酒は蔵を変えただけで、いくら同じように仕込んでも全く味わいの違うものが醸されます。醬油は、黴《かび》と酵母とバクテリアの三種類の微生物が同時に働くことによってできる稀な発酵食品ですが、味噌も同じで、それぞれの風土、及び酵母や雑菌が長い年月をへて仕込蔵に発生させた蔵ぐせの醸す独特な風味があるものです。速醸のマスプロの味噌では決しておいしい味噌汁は望めません。豊かな食を享受するためには、まず今の食生活を否定することから始めなければならないと思うのです。少なくともポリエチレン包装の味噌よりも、秤り売りの味噌の色、香り、味をはっきりと確かめて、自分の嗜好に合った味噌を手に入れてほしいものです。

味噌の生命は香りと旨味ですが、単独の味噌で両方を兼ね備えているものは少ないように思われます。入れる具に合わせて、それぞれの欠点を補うような何種類かの味噌を調合したほうがより素敵な味噌汁を作ることができるでしょう。

味噌には漉し味噌と粒味噌があります。前者は加熱により酵母菌を殺してしまうので、旨味が足りません。反対に後者は酵母菌が生きていますから風味が引き立ちます。粒味噌を使う理由はそこにあります。

粒味噌は擂り鉢で擂ることにこしたことはありませんが、そこまで手間をかけることはありません。料理書などには、こういった手間をかけねばいけないように書かれているため、労を惜しんで妥協してしまう人が増えるのです。要は舌ざわりが滑らかな味噌汁を仕立てればよいのです。

まず少量のだし汁に味噌を入れて軽く溶かしてから漉します。たまった滓の上からもう一度漉した汁をかけて漉せば十分です。

要は、味噌の底味を出すのではなく、上味を引き出せばよいわけです。完璧に漉し過ぎたものよりも、かすかに淀みのあったほうが味噌汁らしく感じられるのです。この濃い汁をだし汁に加え、味噌汁を作れば、ほとんど手間などかかりませんし、擂った場合と同じ効果が出るでしょう。

味噌は熟成期間のしっかりしたものを選ばねばなりません。三州味噌なら五年、仙台味噌は三年、加賀・信州味噌は一年くらいが最も真価が出るのではないでしょうか。

特に三州味噌の色は褐色に近く、熟成期間が長いために脂肪の酸化臭による渋味が気になるという人もいますが、旨味は第一等で、なれると必ず虜になるに違いありません。

扱いは味噌のなかでも非常に難しく、上手に使いこなせれば料理の腕が必ず上達するはずです。暑いときは赤味噌をきかせてさっぱりと、寒いときは白味噌を使ってこってり作るのもこつの一つです。

料理書に、吸物は一番だし汁で、味噌汁は二番だし汁でと書かれています。要するに、吸物のだし汁は鰹節とコンブの表の旨味だけを取り出し、味噌汁のだし汁は個性的で強い味に対抗できるくせ味を引き出せばよいのです。

コンブにはグルタミン酸、鰹節はイノシン酸を多くふくみ、両方を混ぜることにより、相乗効果でいっそう旨味を感じることは周知の通りですが、ただ単に両方を合わせればよいというものではありません。

豆腐やワカメなどのグルタミン酸を多くふくむ植物性の具の場合は、どうしても動物性のだしが勝っただし汁が必要で、鰹節(または宗田節《そうだぶし》、さば節、煮干しなど)は不可欠のものとなります。

反対に動物性の具の場合、具の味わいの強さにもよりますが、具自体に強い旨味のあるものには、何でも鰹節とコンブのだし汁が良いというわけにはいきません。動物性の具はイノシン酸を多くふくみますから、鰹節の味を強くする必要はあまり意味がない場合もあるわけです。

たとえばシジミ(蜆)、アサリ、ハマグリは、汁物に特有の風味をつけるコハク酸を多くふくんでいます。コハク酸は、イノシン酸やグルタミン酸のような普遍的な旨味物質とは違いますが、呈味成分として重要な物質です。この場合、鰹節の香りが強いと貝類の風味を十分に引き出せない場合も出てきます。このような具には、コンブだし汁だけのほうが、なれると上品に感じられるのです。もっとも、物足りないと感じる人は少しだけ鰹節のだし汁を入れてみるのも良いでしょう。

淡白な白身魚のあらで作る味噌汁も、繊細な旨味が滲み出ていますから、鰹節の強い香味は邪魔に感じられますし、動物性の二重の味わいは必要ではありません。コンブだしだけで十分です。しかし、これにも物足りなく感じる人は多いでしょう。吸物、味噌汁、煮ものにしろ、最初の一口でおいしいと感じるような味つけは、あまりほめられたものではありません。そういったものは途中からくどさが際立ってきます。物足りなさのなかにはっきりとしたおいしさが感じられるように作るのが料理の味つけの基本のように思われます。もっとも、魚介の鮮度いかんでは、マスクするために鰹だし汁を少量入れるという手も考えねばなりません。

具の処理の仕方には二通りあります。大根の味噌汁を作る場合、大根を水からゆでて、そこに味噌を溶かすと大根の味の滲み出た味噌汁となります。反対に、別に大根をゆでて椀に盛り、その上から味噌汁を張った場合は、大根の持ち味は出ませんが、調子の高い味噌汁ができます。好みによって作り方を変えるのもよいでしょう。

魚介の持ち味を引き出す味噌汁は、前者が適しています。しかし、青魚などのように、くせの強い力のある魚の場合は後者か、あるいはきちっと霜降りして生臭みや脂を抜いてから鍋にもどし、前者のように作ると仕上がりは上品です。
味噌汁で一番注意することは、味噌を入れた後は煮たてないことです。鍋のまわりに火が届くような状態でなく、鍋底に直角に火が当たるようにして、煮えばなを賞味しなくては味噌の香りはなくなります。

魚介類の味噌汁には特筆すべきおいしいものがたくさんあります。朝の脇役的な味噌汁ではなく、夜、たまには主役の味噌汁を作るのもよいでしょう。

フグ、白子、ワタリガニ、イセエビで作る味噌汁は、白味噌の勝った味わいが合うようですし、シャコもなかなか乙で愛嬌があります。コチ（鯒）、ホウボウ（魴鮄）、カワハギ（皮剝）、白魚、サヨリ（細魚）、キス（鱚）などは、赤味噌、白味噌、辛味噌を適宜合わせた薄めの味噌の香りのなかに、しっかりとした素材の主張を宿しています。アンコウも捨てがたく、辛味噌と白味噌を合わせ、肝を溶かして作った味噌汁は絶品です。オコゼ（鰧）の赤味噌の勝った赤がち味噌汁はたまりませんし、タイ、スズキ（鱸）なども口もとがほころぶことでしょう。ウニ（海栗）の味噌汁、これはもう言葉もありません。

「新しいご馳走の発見は、人類の幸福にとって天体の発見以上のものである」とブリア・サヴァランは書いていますが、自分の嗜好に合った新しいご馳走の発見を自分自身の舌に忠実に見出していただきたいと思うのです。

サンマは目黒か根室か

七輪の上でもうもうと立ち昇る煙、真っ黒な物体からジュウジュウと滲み出る脂肪の泡、眼をしばたたかせ、むせんだ幼い頃のあのなつかしい匂い、店の裏の空地で季節になるとよくサンマ（秋刀魚）を焼いたものでした。焼くたびにいつも心のなかをすきま風のようにサーッと吹きぬけた一抹の感傷、それはなぜかもの悲しいイメージを合わせもっていたように思い出されるのです。

体全体で飛び跳ねて遊んだ夏も終わり、秋の風がヒンヤリとほおをなでつける頃に出回るサンマに、幼いながらも寒さに向かう寂しさを感じ、心動かされていたのでした。

佐藤春夫の有名な「秋刀魚の歌」の歌碑が紀州勝浦駅頭に立っています。これは、大正十年に『人間』に発表された作品です。幼い私がそんな歌を知る由もなく、読み返してみるとサンマをこれほど詩情豊かに歌いあげたものはほかに例をみませんし、サンマに哀愁を感じたのは私だけではなかったのだと安堵したものです。

この歌を読んでいると、魚を扱う者の独断と偏見ではありますが、さまざまな思いが浮かんでくるのです。

「あはれ秋風よ」は、サンマの旬を言い当てています。もっとも春夫の生国は紀州新宮であり、熊野灘でサンマがとれる漁期は三月頃、この頃のサンマは脂肪がまったくないもので「そが上に青き蜜柑《みかん》の酸《す》をしたたらせて」というのは、旨くないサンマをなんとかおいしく食べようという、蜜柑の産地紀州の人たちの知恵であったに違いありません。

「縁は異なもの乙なもの、さしみと山葵《わさび》は海山こえて、私はあなたの妻となる」。結婚披露の席などで、蛤の蝶番《ちょうつがい》がぴったり合う相思相愛の表現としてよく耳にする祝辞の一つですが、このように食べ物には出会いというものがあります。

脂の乗ったジュクジュクと音の響きさえたてているサンマとの出会いは、青い蜜柑ではなく、私には辛さがツーンと鼻に抜ける大根下ろし以外には考えられません。青首大根の甘ったるい下ろしでは舌のほうが面喰らって合点がゆかないのです。素敵な脂に包まれた舌が最も欲しがるのは、その脂をサッとはね飛ばすほどのさっぱりとしたものでなくては承知できないと感じるのは私だけでないはずです。

先の歌の中で「さんまの腸《はら》をくれむと言ふにあらずや」と女の子が、あげようと言ったのはパサパサしたまずい肉ではなく、腸のほろ苦《にが》い部分です。私は小さい頃から大人の食べるようなものをかなり食べていましたが、苦味を快い味と感じるまでにはいたってなく、まだ味覚が幼稚であったせいでしょうが、なぜ大人たちがそれほど腸にこだわるのか理解できませんでした。しかも腹の肉には細かい小骨が多く、口のなかで邪魔になり、なかなか腹の部分を食べようとしなかったことを覚えています。実際、苦みは生命にとって危険を知らせるサインのようなもので、他の甘味や旨味などと違い、すぐ受け入れることのできる味覚ではなく、訓練することによって習得される精神的な満足を与える味覚だからです。疲れたときのコーヒーなどが心身を落ちつかせるというのはよい例でしょう。いつのまにか腸の苦みの旨さをおぼえ、なにか大人の仲間入りをしたような嬉しさがこみあげてきた記憶が甦ります。実際に腸の味わいは、脂が乗り魚体が充実しているときは、苦みの奥に豊かな甘みを秘めています。反対に脂肪のないサンマの腸は苦いだけで風味は湧いてきません。

ですからこの女の子が、もしそこまで理解して腸をあげようと言ったとしたら、なかなかの食通であったに違いありません。

通常サンマを焼くときには軽く塩をふり、焼きあげますから、塩っぽいというほどのものではないはずです。しかし実際には、当時のサンマはかなり塩辛いものでした。そのわけは、戦前、房州で水揚げされたサンマは直ちに一塩されて出荷されたものであり、日本橋魚河岸に集まるサンマは全て「一塩もの」の塩サンマだったわけです。

若狭小浜で浜塩されたサバが、一夜で京都まで駆け抜けた頃、ほどよく塩を噛むと絶妙の味となるように、京都のサバずしにしても一塩ものを使ったわけですが、やはり塩が強すぎる傾向があり、塩抜きしてから酢に漬けてサバずしを作ったという話を耳にしたものです。確かに昔は簡素なもので、塩のきついほうがどちらかというと惣菜となり得たし、冷蔵技術や輸送力も低く、現在のようにサンマそのものの味を味わうという意識は少なかったに違いありません。戦後、魚河岸が築地に移り、サンマも一塩ものから氷蔵された鮮魚として入荷されるようになると、嗜好は生サンマ一辺倒になり、塩サンマは姿を消していったわけです。実際、魚肉は塩をあてることによって脱水され、干物と同じように肉質は硬く締まった感じとなり、生を焼いたときのようなフワーッとしたやわらかい口あたりは望めません。

しかし、戦前から塩サンマに口が馴れている仲買の古老たちは、戦後になっても鮮魚に塩をふり、馴染む頃を見計らって食べていたようで、その人なりの食歴からくる食べ方があるということなのでしょう。

サンマは冷水性の回遊魚で、北太平洋と日本海に分布し、わが国では日本列島沿いに移動しています。

太平洋側のものは、夏になると北千島やオホーツクに現われ、九月頃、親潮に乗って、群れをなして根室沖に、十月には三陸沖、十一月には銚子沖に達します。房総沖から遠州灘沖で産卵し、春の声が聞こえる三月頃には紀州沖へ到達するわけですが、この頃は〝麦サンマ〟とよばれ、脂肪の衣装をすっかりぬぎすてて、さらに南下を続けるのです。

日本海産のものは北海道沖から東シナ海まで回遊します。九州北部及び西部沖にいたサンマは、冬に対馬海流に乗って北上、初夏には山陰沖から北陸沖へ、夏から秋には秋田、青森沖を通り、なかには津軽海峡をこえて太平洋側に入り、Ｕターンして三陸沖へ下るものがあると言われています。

日本海側に残ったものは、秋から冬にかけて南下するという繰り返しが行なわれるわけです。

サンマは胃がなく、腸もまっすぐで極端に短いのですが、これは食性のせいです。実際私は、何度も開いて消化器官を探しましたが、ただ細い管《くだ》が一本あるだけの単調なものでした。

一般に植物を食べる動物の腸は長く、動物を食べる動物の腸は短いわけで、サンマ特有の脂肪は好物である動物性プランクトンや浮遊する幼生を、表層を泳ぎながら絶えず食べ続けた賜物《たまもの》に違いありません。

サンマ漁は江戸中期、やつで網による漁法に始まり、その後、巻き網漁、明治中期には刺し網漁、近年になって棒受け網となり、船も大型化して漁獲量は著しく増大してゆきました。棒受け網とは集魚灯を利用した漁法です。夜間にまず船の片側に集魚灯をともし、魚を集めます。光によって集まったプランクトンなどを追ってサンマが集まるわけですが、頃合いを見計らって反対側の舷側《げんそく》に棒受け網を張ります。これは一五メートルほどの二本の棒の間に網を張り、群れをすくい上げる方法です。サンマの集まっている側の集魚灯を消し、今度は網の張ってある集魚灯を点灯させ、プランクトンを集めます。当然サンマも反対側に移動するわけで、このときに一網打尽とするわけです。

船の大型化にともない、漁場もどんどん北上し、八月中旬には市場にもかなり入荷し、サンマも秋の味覚というよりは夏の魚のイメージが強くなった感が否めません。

落語に『目黒のサンマ』があります。

目黒不動参拝をかねて鷹狩りに出かけたさる殿様、あっちこっち飛び回ったすえ丘の上で床机にこしかけ一服。ちょうど昼どき、腹のへっているところへ、どこからともなくよい匂いが漂ってくる。

「この匂いは何じゃ」。「サンマを焼く匂いでござりまする。下様《しもざま》の下人《げにん》どもが食《しょく》いたします俗に下魚《げうお》と唱えますものゆえ、高位の君がたのあがるものではございません」という家来の進言に、耳をかそうともしない。付近の百姓家からスーッと立ち昇る紫の煙の匂い、もう我慢できず所望した。旨いのなんのって、その旨さが忘れられず、翌日殿中の溜《たま》りの間で諸侯を前にこの話をした。それを聞いたある大名、屋敷に帰り家来にサンマを申し付ける。家来は房州の網元から取り寄せた。ところが御膳奉行は、「塩の強い、脂のはなはだしきものをあがりつけないお上ゆえ」と脂と塩気をすっかり抜いて出したから、おいしいわけがない。翌日殿中でさる殿様をつかまえると、「まるで木をゆで、かんでいるようなもの」と不満をぶつける。

「まずいとおっしゃるが、ご貴殿はいずこから……」

「家来に申し付け、房州の網元から」

「それは房州だからまずい。さんまは目黒に限る」

さる殿様が三代家光か八代吉宗かは定かではありませんが、生サンマでなく塩サンマであることは間違いありません。


この十年ほど、七月中旬になると、まるまると太った名刀のようなギラギラした大型のサンマが根室から市場に入荷します。この時期に日本列島に脂の乗ったサンマなどあるはずもありません。

このサンマは秋にとれる房州のサンマと比べても段違いのおいしさがあります。初物だという意識がそう思わせるのかというと、そうではない証拠に、お客も口をそろえておいしいと言います。

その理由はサンマの群れが回遊するのは日本列島だけではないからです。おそらくもっと北の寒い海にも、もう一つの別の回遊する群れがあるのでしょう。カムチャツカ半島あたりから千島列島を南下し、根室沖合で旬をむかえるサンマがいるのです。もっとも初物は市場の相場でさえ、一本千三百円もしますから、値段のほうでもびっくりさせられます。

サンマは塩焼以外に、特に鮮度のよいものはさしみにしてもいけるものですし、房州では〝なめろう〟といわれる料理法があります。

アジのたたきを作る要領でよくたたき、青じそや味噌を加えたものです。なめるようにして食べるから、あるいは食べた後、皿までなめたくなるというところからきている言葉です。

サンマのさしみというと生臭さを連想するようですが、とれたてのものには、そういった臭みは皆無で、それどころか滑らかな舌ざわりとほのかな甘味さえ感じさせてくれるのです。サンマの身肉には特有の香気はなく、アジのような潤みのある香りは望めません。そうかといって、イワシのようなくどい臭いもないので、魚嫌いの人にはかえって食べよいと思われます。

サンマを焼くときは、煙を気にしてはおいしく焼くことはできません。オーブンで焼いたものは、脂肪を内部に温存させ皮の臭いが魚肉にしみこみ、重苦しい味わいになってしまいます。皮から脂肪を焙り出すことによっておいしくなるわけです。

サンマの塩焼の魅力は、なんといってもあのギドギドした脂肪の味といっても過言ではありません。

脂がしたたり炎に包まれた皮の強烈な匂いこそサンマのサンマたる所以なのです。

「サンマは目黒に限る」と言った殿様に、「サンマは根室に限る」と言ったら、いったいどんな顔をすることでしょう。

「もっともさる殿様をみた奴はいないんで……」と噺家、林家正蔵さんの声が聞こえてくるような気がしてなりません。

蟷螂《かまきり》プラス百足《むかで》イコール蝦蛄《しゃこ》の味調

「蝦蛄」「石花蝦」「石楠花蝦」と書いていずれもシャコと読み、節足動物甲殻綱口脚目に属します。節足動物は足に節のある動物で、昆虫、エビ、カニなどの甲殻類を指しますが、これらは「十脚目」に属し、シャコとは別の仲間です。

シャコの体は扁平でなんとなくエビに似ているようなところがありますが、エビのようなスマートさはなく、モシャモシャとしていて気味悪がられ、すし種《ねた》のなかでも一番の嫌われ者のようです。しかも冷凍ものにいたっては、香味はなく繊維質で、まるで藁《わら》でも嚙んでいるような味わいに、「シャコとはまずいものだ」という固定観念を植えつけられ、よけい嫌われる原因になっていますが、本当の味わいはそんなものではありません。

頭部に蟷螂のような鎌状の大きな補脚が一対あり、それぞれに六、七個の鋭い鋸歯状《のこばじょう》の棘をもち、それで底棲《ていせい》動物や小魚、貝類などを捕獲して食べます。歩脚は三対で胴部に大きな遊泳脚が並び、百足を連想させるようなところもシャコの品位を失墜させています。扇形をした尾節は中国の僧帽に似ているといわれ、鋭い棘があり、下手につかむと痛い目にあいます。そのため、トゲエビの仲間ともいわれます。背面に縦四本の虹色の線があり、生きているときは、尾部もクルマエビのような美しい光彩を放っています。シャコという呼称は、石花蝦《しゃつかえび》からきています。『本朝食鑑』に、「色は石楠花《しゃくなげ》のようで石花蝦とも言う」と書かれていますが、シャッカが訛り、石楠花の薄紅色に見えるところからつけられた名です。

北海道から九州に至る沿岸のいたる所に分布し、特に内湾の砂泥地にU字形の穴を掘り、暮らしています。幼い頃、潮干狩に行くと、潮の引いた砂地に小さな穴が無数にあいているのを目にしたものですし、穴に竹筒を突っこみ一気に「プッ」と息を吹くと、近くの別の穴から海水とともにシャコが飛びだし、簡単にとれたものでした。文久二年(一八六二)の生麦事件で有名な生麦は、昔からシャコの名産地で、私の小学生の頃は、背負込み《しょいこ》といって、夕方になると直接店に売り込みにきていましたし、それはびっくりするほど大きく抱卵したシャコでした。現在は金沢八景の前海から「小柴のシャコ」として築地市場に入荷しますが、数は少なく天候次第では入荷しない日もあります。

シャコは沸騰した海水のなかに、とれたてをすぐに生きたまま入れてゆであげます。自己消化が早く、すぐ湯がかないと痩せてしまうからです。頭を切り、鋏《はさみ》で脚、胴部の脇の殻を切り落とし、背中の殻は頭から、胴部は尾から剝《は》いでゆきます。湯がいたシャコの色は薄海老茶色で、江戸前ものは瀬戸内海、松島湾のものより色が濃く出ますし、香味も深いのが特徴です。

皮を剝いでも、シャコの身肉は幼虫のように見え、女性は見ただけで拒絶反応を示し、食指が動かない理由もわかる気がします。戦争前は、露店のすし屋は別として、内店《うちだな》をもつすし屋は下司種《げすねた》として扱うのを恥じたと、祖母に聞いたものです。昔は今のように塩ゆでしたものをそのまま握るのではなく、醬油と砂糖を混ぜた薄い汁で軽く煮るか、サッと沸騰させた汁を冷まし、その汁のなかに浸《つ》け、味をふくませてから握りました。私も時折りこのように浸けますが、本当の理由は日持ちするからです。シャコは傷みが早く、昔の氷の冷蔵庫では夏場だと、その日に使い切らないと次の日は必ずくさい臭いとヌルが出てしまうのです。ゆで上げたものをそのまま握ってシャコの持ち味を楽しむか、煮汁をふくませるか、どちらが好きかはその人の嗜好によることでしょう。

シャコにはこの身肉のほかに「シャコの爪」とよばれる部分があります。これは蟷螂の鋏の部分の殻を取った肉のことで、肉に締まりがあり、酒の肴に向いています。この爪だけ容器に入れて売られていますが、何百個も入っているのに二千円くらいの値段に、いつも考えこんでしまうのです。それはこの気の遠くなるような、面白みのない作業を、営々といったい誰がされているのであろうか、と。

「シャコの洗い」も活物が手に入ったときは、ぜひ試していただきたい食べ方です。クルマエビほどの硬さはありませんが、カニの洗いを食べているような食感はなんともいえません。三月中旬頃になると、腹部に細い棒状の卵塊が見られるようになり、次第に太さを増してきます。五月になると全てが卵と化したかのようになり、「子持ちシャコ」といわれ、すしやてんぷらの種《ねた》となり、このときが旬とされています。この硬くカツオブシのような卵塊を「カツブシ」と称し、シャコの一番おいしい所とされていますし、昔の通人《つうじん》はすし屋などで、「カツブシの入った奴をつけてくれ」と注文していたものです。

私は一年中シャコを口にしていますから、産卵前、産卵期、産卵後といった四季折り折りの味を知っています。

すしにした場合、子持ちシャコは口のなかでモコモコしすぎて、シャリと一体となったおいしさが湧いてきませんし、身肉の味わいを感じとることはできません。ですから、子のない一、二月のシャコのほうが肉がフワーッとして、シャリとよく馴染みます。子持ちシャコは酒の肴として、アクセントが感じられて私の舌を満足させてくれるのです。

シャコを食べていると、「ふっ」とワタリガニを食べているような錯覚にとらわれることがよくあります。外海の磯に棲むワタリガニの風味とは違い、昔よく食べた生麦辺りの内湾性のワタリガニの香りと重なってくるのです。シャコとワタリガニはテリトリーが同じです。食性も同じです。当然、身肉の香味も同じ方向に向いているのでしょう。

松島、讃岐《さぬき》、江戸前と、三種類のシャコを何度か同時に食べていますが、江戸前は他の地域とはっきりした差異が私には感じられてなりません。それは江戸前のもつ猛々しいまでの妖しい香りの強さ、甘味の強さです。

干潟の磯の骸《むくろ》と化した小動物たちの屍《しかばね》の臭い、そんな愁いを秘めた味わいがシャコから感じられてなりません。

幻の魚キジハタの本音

「九州場所の一番の楽しみは、アラ（鯇）鍋を食べることだ」と関取衆からよく聞かされます。アラはチャンコの材料のなかでも筆頭にあげられる魚で、最近は入荷量もたいへん少なくなり、べらぼうな値がつく魚になってしまいました。

九州では、アラといえばマハタ（真羽太）、クエ（九絵）とも混同されてよばれていますが、本来は別の魚です。

アラ系の魚はスズキ科に属し、鹿児島ではアラのことをオキノスズキとよぶように、姿形はスズキに似て口は大きく斜めに裂けています。群れては生活をせず、単独あるいはペアで岩穴やサンゴ礁のくぼみに棲む定着性の根魚です。主に温帯から亜熱帯に棲み、熱帯にも棲息します。口は、深海性特有の受け口で、上から接近する餌物を貪食し、自分のまわりに棲みついている底棲動物には無関心です。

アラは水深二〇〇〜三〇〇メートルの岩礁地帯に棲み、温帯性のアラ系の魚のなかでは珍しく北海道近くまで分布しています。

体長一メートル以上、クエに次ぐ大きさで深海性。ハダカイワシ、イカ類を餌とし、産卵期は七、八月。雄、雌が体外受精しますが、実態ははっきりしていません。名称は性格、外貌ともに荒々しいところからついたものです。漁期は冬、水揚げされても市場への入荷はなく、料理屋へ直行する高級魚となっています。番《つがい》でいることが多く、一尾釣れると近くでもう一尾釣れるといいますが、私は一度もこの魚を釣ったことがありません。大型のものほど味がよいとされ、佐賀唐津の「おくんち」（陰暦九月九日の意で、中国の重陽《ちょうよう》の節句にちなんで行なわれる秋祭り。御九日と書く）では、アラの姿煮（二五〜五〇キロ）が御馳走として振るまわれますが、私には大まかな味に感じられ、八キロぐらいのものに本味があるように思われます。

マハタは房州、越後以南に分布し、体長一メートルを超えるものもいます。背鰭《せびれ》、尻鰭に硬く太い棘が目立つので、羽根（ヒレ）の太い魚という意味からついた名前です。古書には旗代魚（ハタシロウオ）とあります。魚紋が黒と白を染め分けた旗のように見え、戦場での旗の代わりにするという意味からきているようです。尾鰭の後縁が白く、雌雄同体で、初めは雌、その後、卵巣内に精巣ができ雄となります。性格は穏やかで水族館などでよく飼育されているのを見かけます。

中国ではシバズ（石斑）といい、魚類のなかでも高く評価されていますし、特にラオシュウハン（老鼠斑）とよばれるネズミハタは、中国料理の最高の食材になっています。

磯釣りの大物狙いの両横綱は、クエとイシナギ（石投）でしょう。

クエは一・五メートル以上になるものもあり、アラより頭は小さく、古くは『延喜式』に「垢穢」の名が出ています。老成魚をモロコとよび、南日本以南に多く、体色は茶褐色、オリーブ色で、六、七本の黒褐色の横帯があり、老成すると一様に黒褐色になります。雌雄同体と推定され、若魚の体表には不規則な斑紋があり、九つの絵になるほど模様に変化があるという意味からついた名前です。また「垢穢」は垢がついて汚れていること、暗黒色の薄汚れた体色からきた名前といわれています。

イシナギはアラと同じように北海道から南日本の四〇〇〜五〇〇メートルの深海の岩礁地帯に棲息し、深海魚の餌であるハダカイワシ、ヤリイカを貪食します。通常、魚の鱗は一種類ですが、イシナギは頭部から胴までは円鱗、それより後部は小さな櫛鱗《しつりん》となっています。

馬鹿力の持ち主の最右翼です。

「隣の船の船頭は右腕を肩の高さにあげて、黒い仁王像のようにつっ立っていた。ただ立っているだけで、腕は動かない。船も動かぬ。底の岩に鉤をかけた時の姿勢であった」と『緑の水平線』（林房雄著）のなかで、船頭とイシナギとの格闘を描いていますが、イシナギの力強い引きを、映像のようにくっきりと描写し、大物釣りをしたことのある人なら、この描写がひしひしと臨場感をもって迫ってくることでしょう。

アラ、ハタ、クエなどの魚は、脂が乗っているわりには淡白に感じられ、鍋や煮つけなど火を通した料理法が適しています。もちろん、さしみや洗いもできますが、深い味わいは望めません。イシナギは脂が強く、鍋にしても少々くどく感じられますから、みそ漬けや粕漬けのほうがよりおいしい料理法です。

私がハタ系の魚のなかで最も高く評価し、扱うのを楽しみにしているのはキジハタ（雉子羽太）です。幻の魚といわれ、めったに釣れません。地方名でアズキともいいますが、アズキハタは別の魚です。一度だけ江の島沖で釣ったことがありますが、そのときの感動は今まで釣ったどの魚よりも印象深く残っています。

中国名を「赤点石斑魚」といい、赤みがかった褐色の地に目と同じ大きさの小さな朱色の斑点が体全体にちらばり、一瞬ドキッとするような華麗な色彩は、あたかも雄の雉子が羽を広げたように見えるのです。沿岸の岩礁地帯の藻磯に棲息し、二五〜三五センチほどになります。

キジハタはわずかですが、紀州方面から活物で築地市場に入荷することがあります。最も理想的な目方は二キロといったところですが、この大きさのはめったに入荷せず、七〇〇グラムから一・五キロまででしょう。一キロ以下のものに真味はありません。

関西ではアコ（キジハタ、アズキハタをふくむハタの一種）料理として賞味され、たいへん人気がありますが、関東では漁も少なく、馴染みがないために食べたことのある人は稀でしょう。

キジハタのさしみは、薄くフグを引くときのように造ります。この淡白な味わいにはわさびもポン酢も、邪魔に感じられてしまうのです。濃口醤油もいけません。強い醤油の香りでつつんでしまうにはあまりにも儚《はかな》げです。吟味した淡白醤油のほうが相性はよいでしょう。さしみは他の魚とまったく違った歯ざわりを呈してくれるのです。透き通る一切れのきめ細かい強靭な肉感、噛みしめると脂でほんのりと化粧したかのような、上品なそれでいて何一つ押しつけがましい雑味のない風味。

魚の生命は香りだという私の持論のなかで、いつも魚たちに香りを感じてきたのですが、キジハタは、その香りの余韻をまったく感じさせない数少ない例外的な魚です。これほど完璧に香りを感じさせないところに、キジハタの真価があるように思えてくるのです。

魚は内臓にもそれぞれ異なった風味があるものですが、キジハタは内臓まで上品な味わいがあります。たとえば、マグロ、ブリ、カツオなどの青魚は、かなり強い魚臭がありますし、タイ、スズキ、キチジ（喜知次）といった脂肪に富む白身魚、ムツなども、飛びきり鮮度のよいものでないと、やはり生臭みを感じてしまうのです。肝臓の品位を比べるにしても、アンコウの肝とカワハギの肝とでは脂肪の質に格段の差があるのは否めません。カワハギの肝には、川の上流を分け入っていったときのような清々しい印象をうけるのです。反対に、アンコウの肝は品質にもよりますが、もっと下流のほうにいるような川の流れのイメージを払拭することができません。

キジハタの頭骨、鎌、中骨はちり鍋にすると素敵です。

中国料理にもあるように、キジハタの特徴を十分発揮できるのは蒸し物です。火を通すことによって本性が現われ、全てがゼラチン質と化し濃縮された味わいに驚嘆されることでしょう。

マナガツオとイボダイ

「西国に鮭なく東国に鯧（マナガツオ）なし」という諺があるように、地方にはそれぞれ自慢の産物があるものです。マナガツオ（真名鰹）は、本州中部以南から黄河、東シナ海に分布し、関東以北ではほとんど馴染みのない魚でした。実際、戦前の東京での入荷はほとんどなく、一部の料理屋のみが関西方面から直引《じかび》きをして、献立にしていた程度で、一般の人にとってはカツオの仲間であるかのような認識しかなかったと聞かされたものです。カツオという名がついていますが、サバ科のカツオの仲間ではなく、イボダイ科に属します。瀬戸内海地方では、カツオの入荷がなく、初夏にとれるマナガツオをカツオに見立て、「真似ガツオ」と言ったのが転訛したものです。体形はシマガツオ（エチオピアともいう。シマガツオの体色が同国を連想させるところからついた名前）に似て側扁し、丸みのある菱形で、体高は非常に高く、背鰭《せびれ》と尻鰭の基底は長く、先端部は鎌のように尖っていて腹鰭はありません。シマガツオの「シマ」は島。南方の意で、南方で多くとれるマナガツオに似るところからきた名前です。

頭や口は極端に小さく、吻端《ふんたん》は丸く、イボダイと同じように咽頭の直後に食道嚢をもち、内部に歯をそなえています。当然、食性は同じで、両者を調理した経験のある人ならば、同じような肉質であり、味わいも似かよっていることに気づくはずです。体色は青みを帯びた銀白色ではがれやすく、品質の高いものは一枚ずつ紙に包まれ、取引されています。

大きさは六〇センチ、二キロくらいのものが最もおいしく、小さいものは水っぽく感じられます。近年、特に冷蔵ものが出回り、中国料理やフランス料理の食材になっていますが、冷凍ものは香味がありません。

主産地は紀州和歌山と瀬戸内海で、産卵のために乗っこんでくる六、七月が盛漁期ですが、この時期は卵を抱えているために腹はブクブクして脂も抜け、おいしい時期ではありません。産卵をすませ、外洋へ出たマナガツオが体力を回復して脂が乗る真冬が旬となるわけです。入荷も少なくなってきますが、関西では特に好まれ、高級魚として珍重されています。『和漢三才図会』に「さしみにすると最もよい」とありますが、肉はやわらかな白身で脂が乗っているにもかかわらず、淡白でくせのない上品な味わいが交差し、その味わいゆえにさまざまな料理ができるのもマナガツオの特徴です。

海から釣りあげたばかりならいざ知らず、流通に乗った段階では、すでに肉質はやわらかくなり、くず餅を嚙むような食感で、さしみを望むことは無理でしょう。照焼、唐揚、煮物、蒸物、すり流しなどに適していますが、幽庵焼などの照焼が最適です。なかでも西京焼というとマナガツオを指すくらい白味噌との相性のよさは群を抜いているのは周知の通りです。西京焼は一般的に白味噌を酒と味醂でのばし、そのなかに各種の魚介を漬けこんだものです。

魚の味噌漬けには、白味噌や赤味噌を使いますが、白身の魚は、白味噌が適していま す。白味噌は京味噌で、西京味噌ともいわれ、脂肪に富んだ上品な香り高い魚の持ち味を引き出します。赤味噌はくせ味が強い青魚を漬けるときに適しているでしょう。

溶いた味噌を器にしきつめ、その上にガーゼを敷いて魚を置き、さらにガーゼを重ね、味噌を乗せ、漬けこみます。漬けこむ日数は好みですが、素材の味を楽しむ場合は、一日も漬ければ十分です。西京の本来の目的は、魚の自由にならなかった時代の保存の意味をふくんだ調理法です。酒の肴には、味噌の香りを移すだけで十分です。そのためには素材の吟味が重要になってきます。

私は調子の高い品質の魚を漬けこむときは、白味噌と酒だけで味噌をのばし、味醂は使いません。味醂の甘さでさえ邪魔になり、魚の風味が損なわれるように感じるからです。なかには砂糖を加えて漬けこんだものを見かけますが、舌が馬鹿になり、本来の味がわからなくなってしまうことが多いようです。もっとも、最初から素材がどうかなというときは、その欠点を補うために砂糖が必要なこともあります。このことはどの料理人でも認識していることであり、かりそめにも元の味を殺してはなりません。

日本料理の世界では、酒に適したものはたくさんあるものの、ビールに適したものはあまりありません。そのなかでも十本の指に入るものは、マナガツオの唐揚です。三枚に下ろしたマナガツオの中骨に薄塩をして陰干しします。軽く粉で薄化粧して唐揚にします。骨せんべいとは思えぬ深い滋味に感動されることでしょう。

私の店でよく注文されるすし種がマナガツオです。寒くなると時々仕入れますが、仕込みに二日間かかるのが難点です。しかし、これほどシャリとのバランスのとれたネタは、そうざらにあるものではないでしょう。

噛みしめていくと、たとえようもないまっすぐな甘い脂の流れが口中に広がり、すしのすしらしさとはこういうものか、と膝を打って納得するに違いありません。


イボダイ（疣鯛）は、胸鰭の下部に小さな突起があるところから、あるいは背に疣《いぼ》がある疣背魚という意味からきた名前です。松島湾、男鹿半島以南、東シナ海に分布します。昔、伊豆方面では、アジ、カマスとともに干物としてよく売られていましたが、漁も少なくなり、最近では北アメリカ大西洋側でとれる近縁種のバターフィッシュが冷凍で輸入され、干物として出回っているのが現状です。築地市場では、三浦半島久里浜あたりのものが入荷し、鮮度も抜群で、秋からの私の干物作りの常連となっています。

体形は卵形で側扁し、吻端はマナガツオと同じように丸く、一対の食道嚢のなかに棘状歯をもっています。

幼成期は大形クラゲの傘のもとで生殖腺を食べて共生するため、越前では、ミズクラゲの大発生する年は、イボダイが豊漁だと言われています。体長二〇センチ、体色は銀灰色で、鰓蓋《えらぶた》上方に黒色の斑点が一つあり、鱗はがれやすく、体側の中央部から上下に溝が十五、六本走っています。鮮度の良いものは鱗がびっしりとついており、鱗《こけ》引きがない場合は大根のしっぽを五センチほど切り、切り口を下にして円を描くように尾部から頭にかけてこすると簡単に取ることができ、他の魚の場合も同じようにすると便利です。

イボダイは、マナガツオと同じような料理法が適していますが、干物と西京焼が真価を発揮します。

イボダイは体面から著しく粘液を出し、ツルツル滑ってつかみにくい魚です。

北九州地方では「シズ」と言います。

お静とは長崎にいた酌婦の名前だと言いますが、鼻が大きく口が小さい顔立ちはイボダイと同じ面相です。もち肌でびっくりするほど体液が多かったらしく、静と一夜をともにした男たちは、おそらくこの魚を連想したことでしょう。

味わいもむっちりとした肉置《ししお》きを感じさせますが、もちろんこれは静のせいではありません。

心地よい香りくさやの臭い

江戸時代中期の画家で姓は多賀、名は信香《のぶか》という人がいます。彼は十五歳のとき、大坂から江戸に出て画を狩野安信（探幽の弟）、俳諧を松尾芭蕉に学び、芭蕉の高弟で蕉門十哲の宝井其角《たからいきかく》、服部嵐雪《はっとりらんせつ》らと交友、遊里に出入りし、粋人の生活を送った人です。元禄十一年（一六九八）、「浅妻船」を描き、江戸中で人気となりましたが、将軍の華美な船遊びを諷刺したとして罰せられ、三宅島に流されました。

親友の其角に彼は言ったそうです。島からの通信は許されないし、便りをすべき術《すべ》もない。三宅島の囚人は干物作りに従事しなければならない。その魚の鰓《えら》に笹の葉を忍ばせておく。もし笹が入っていたら自分の無事である証だ。そう言って、島へ去っていった。

日本橋魚河岸に干物が入荷したという知らせを聞くや否や、其角は飛んでいった。問屋の主人が驚くのもかまわず彼は片っ端から荷をひも解き、笹の葉を探す。やっと笹の葉の挟まった魚を見つけ号泣する。

この講談はよく高座に上がったようですが、涙の対面をしたその魚とは「くさや」で、親友とは英一蝶《はなぶさいっちょう》です。

かの有名な鼠小僧次郎吉をして、末期《まつご》の食事に「くさやの茶漬けが食いたい」と言わしめたように、江戸っ子が絶佳の味と賞し、昔から干物はくさやに限ると言われ、愛好者はずいぶんいたものですが、最近は名前すら知らない人もいて淋しい限りです。

よく味醂やアミノ酸などで味つけされたびん詰めの製品を見かけますが、くさやを称する資格はありません。珍味屋の売り場に、たまにくさやが並べられていても人が近づかないのが現状です。

その理由は、なんともいえない臭気のせいでしょう。

マンション住まいの友人は、「大好物だが、焼いたらどんなことになるか心配だし、おそらく犯罪的行為と思われるに違いない」と嘆いていました。

また、くさやを食べてみたいというお客に、土産として厳重に密封して渡したのですが、それでも新幹線のなかで臭いが漂い、ほとほと困り果てたという笑えぬ話もありました。

くさやの原料はムロアジ（鰘鰺）です。そのなかでもアオムロとよばれるクサヤムロが絶品ですが、その他、脂肪の少ない小アジ、トビウオでも作られます。くさやは伊豆七島の特産物で、この類の干物は他に例をみません。

秋になると、小笠原諸島の島嶼《とうしょ》にはクサヤムロが群れをなしてやってきます。ムロとは群れが転じた言葉ですが、この魚を塩水づけして、くさやの干物に仕上げます。伊豆七島は江戸幕府へ塩を上納しなければならず、大いに製塩業が発達しましたが、当然、貴重ですから使うことをきびしく制限され、干物を作る際、魚をつけた液（塩水）を捨てず、腐らないように塩を足しながら何回も魚をつけたのです。

この若い液の臭気はなんとも鼻もちならず、私にも耐えがたいものでしたが、何十年も経つと、あの独特な風味あるにおいになってくるわけです。江戸時代から連綿と受け継がれているくさや液があるという話も耳にします。

生産者によっては、液のなかにヨシキリザメ（吉切鮫）やアオザメのような白身魚をぶつ切りにして骨付きのまま入れておくそうですが、いつの間にか溶けて跡形もなくなっていると新島の古老から聞かされました。数百年と続く液のなかに生き続ける発酵菌の作用で、さまざまな旨味が蓄積されるのに違いありません。このくさや液は門外不出の高価なもので、花嫁の持参ではやむをえず持たせる場合もありますが、それ以外では他に出されることは全く考えられないことなのです。

英一蝶が十二年間役に服したのは三宅島ですが、同じ伊豆七島のなかでも新島のくさやが出色で、それは相場が証明しています。その理由はクサヤムロの味自体が緯度の異なる島々によって違うからでしょう。

たとえば、アジは日本列島の各所に棲息しますが、棲む場所によって姿、形、味わいも違います。そのなかでも五、六月にあがる相模湾のアジは絶品で、アジの干物の名産地といえば、小田原周辺を指していました。日本一のアジと干物を作る高度の技術をもった生産者がたくさんいたからです。最近はアジの激減により他の産地に頼るありさまです。手を加え干物にする労をかけるより、鮮魚での流通のほうがはるかに高値で取引されますし、これに労賃をかけて干物にすると、とんでもない値になるわけですから、一般消費の対象にはならず、他の産地の魚で作られた小田原製の干物はあっても、相模湾でとれた魚で作る小田原産の干物は見られなくなってしまいました。季節になると、生ではほとんど相場がでない小アジ（ジンダ）の干物をたまに見かけます。手間仕事ですがなかなかのもので、口にふくむと淡い潤んだ香りが広がり、面目の一端をかいま見ることがあり、昔日の面影を偲ばせてくれるのです。

クサヤムロも、伊豆小笠原諸島に群遊しますが、亜熱帯に棲息するものと温帯に棲息するものでは、その味わいに差が生じるのは否めません。

熱帯の魚はまずく、温帯の魚がおいしいことは、誰でも承知していることですが、カツオにしても南の海にいる頃は味わいがなく、北上して日本の温帯に入り、日本近海のシラスやイワシを食べるうちに急においしくなるわけです。実際、新聞で地球のプランクトンの分布を示した衛星写真を見た記憶がありますが、日本では屋久島より北が密になっていました。

クサヤムロの場合、三宅以南の八丈島や小笠原諸島に群来するものは、魚自体の旨味が少なく、新島付近に回遊するものに深い味わいが秘められています。

最近は冷凍技術のおかげで、生干しのやわらかいくさやに人気がありますが、昔はすべて上干し品で保存性が高く、香りも比べようもないほどすばらしいものがありました。下町の小粋な飲み屋では、品書に当たり前のように載っていましたが、最近はそういった店も見られなくなりました。戦後すぐ、店に見習いにきた十四、五歳の小僧さんたちが、食事のおかずに出るくさやにギョッとして鼻をつまみ、この腐っているとしか思えない干物に憤りを込めて口にする光景を今でも想い出しますが、一人前になって店を上がる頃には、「干物はなんといってもくさやだ」と、ほとんどの人が言っていたようでした。

先日、タイ国人が、おそらく久し振りに嗅いだのだろうと思われるナムプラー（ベトナムの魚醬油、ニョクマムのようなもの）に、体全体で歓喜の表情を現わしているのを目にしましたが、特有な臭気をもつこういった食品こそ、秋田の塩汁（しょっつる）、石川のいしる、香川のイカナゴ醬油と同じように、臭ければ臭いほど、馴れれば馴れるほど、深い愛着を示すのは、日本人だけではありません。

フランス料理のなかでも、古くはムリア・ガルムという調味料を魚から作っています。

これは一種の塩辛のようなもので、マグロ、サケ、サバ、イワシなどを内臓ごと、大きな壺の底に香草をしき、塩をして発酵させた高価なものであったらしく、美食の国といわれるフランスにも、同じような嗜好があったということです。

香水にしても、麝香《じゃこう》や霊猫香《れいびょうこう》といった動物性香料が使われているのは周知の通りです。麝香とは、麝香鹿の雄の生殖腺の分泌物ですが、雌を求めて発情し、生殖腺である香嚢に麝香が充満する秋に捕獲されます。麝香はインドールなどの物質をふくんだ暗褐色の粉状で、その臭いは糞尿以上だといわれますが、千分の一程度に薄めると優雅で官能的な香りになるといいます。現在は麝香鹿の激減のため、ビールびん一本分の量で一千万円もするそうですが、ご婦人方が糞尿臭の香水を塗りたくっていると思うと笑えぬ話です。

植物性、動物性香料を調合した香水の香りには、トップ・ノート（先立ち）、ミドル・ノート（中立ち）、ラスト・ノート（後立ち）とあり、調合されたそれぞれの香料の揮発する順番により香りが変化するわけです。まず柑橘類の香り、そして花の香り、最後は動物系の香りというように移り変わるのは、ちょうど上質な古いワインと同じようなところがあります。まず花の香り、次に果実や草木の香り、そして最後に、かすかな動物性の匂いを私は感じとることがありますが、フランス人は日本人と違い、この匂いをこのうえなく心地よい香りと感じるのです。

くさやも、そのままの臭いと、サッと焙った臭いは別のものになりますし、口中にふくんで飲みこむときの鼻腔の奥で感じられる風味はさらに違い、しかも味の濃淡によって種々なイメージを受けるのです。

くさやの臭いの奥に、饐《す》えた動物臭を感じるのは食べ馴れた私だけでしょうか。私には心地よい香りと感じられてなりません。

酒呑みが泣いて喜ぶ酒盗の味わい

日本特有の塩蔵発酵食品に塩辛があります。塩辛は「醢」と書き、「ししびしほ」とよばれ、平安期以前から文献にたびたび登場しています。

塩辛とは、魚類、鳥類、貝類、エビ・カニ・アミなどの甲殻類、ウニ・ナマコといった棘皮動物類の肉、内臓、精卵巣を細かく切って塩漬けし、熟成発酵させた食品です。

身肉や内臓それ自身にふくまれる酵素や微生物、細菌類の作用で、発酵中にタンパク質が低分子レベルに分解され、それによって生成されたアミノ酸、ペプチド、乳酸などの旨味物質が付与された美味食品です。

当然、味わいだけでなく風味も本来のものとはまったく違った香りが醸され、古くから愛好者が多いものの、なかにはグニャグニャした食感と独特の生臭みを嫌う人も多く、特に外国人には好まれない食品の一つですが、食べ馴れると必ずや虜《とりこ》になり、不思議と病みつきになるもので、嗜好品のなかでも、とりわけ精彩を放っています。

塩辛は、納豆、ホヤ（海鞘）、鮒ずし、塩汁《しょっつる》と同じように閉鎖的で地域性の強い食品であり、馴れがいかに嗜好に結びつくかという証明でもあります。実際、私にしても父の酒の肴であるクサヤやコノワタなどを、言葉も話せないうちから口にし馴れ親しんできましたし、コノワタの豊満で官能的な味わいには、なんともいえぬいとおしささえ感じてきましたが、学生時代に初めて対峙した鮒ずしには、決闘にも似た気持ちになり、はっきりいって驚愕《きょうがく》し、この世の食べ物ではないという印象を植えつけられたものでした。

その後、重箱の隅をつつくような食べ方を何度もしているうちに、あるときふっと鮒ずしが食べたいという欲求がふつふつと内部から湧きでている自分に気づき、不思議な感動をいだきました。その時点で、私はすでに鮒ずしの魅力にとりつかれている自分を見出すのですが、さらに食べ続けていくに従い、その匂いのなかにもはっきりとした良否があり、幾層にもたなびき、空に溶け入るような諧調の旋律の風味に、鮒ずしこそ日本の発酵食品の頂点だと叫ぶようになる自分を見ていると、味覚の幅を広くすることが、人の食歴のなかで一生をどれほど豊かにしてくれるかということを感じるのです。

私たちは感動的な食を一生に何回摂ることができることでしょうか。私は一食でもおろそかにしたくはありません。

魚類の塩辛にタイ、カツオ、イワシ、アジ、サバ、タラ、サケなどがあります。鳥類

では カモ、ウズラ、ヒバリ、スズメなどの内臓の塩辛があり、陰影に富んだ沈鬱《ちんうつ》な諧調のほろ苦い味わいを呈しますが、古酒を飲むときは絶好の酒の肴となります。魚類よりも熟成に時間がかかり、二、三年貯蔵したものに真味が認められ、それ以上経過したものはえぐ味が感じられ、私には少し抵抗が出てきます。

貝類の塩辛はあまり知られていませんが、今でも地域によっては連綿と作り続けられています。アカガイ、アサリ、ハマグリなどがありますが、そのなかでもアワビの内臓で作る塩辛は絶品で、磯と海草の香りを濃縮した味わいは貝類のなかで最も風味が高いといえるでしょう。

カニの塩辛は、カニを殻ごと細かく砕いて塩をしたものですが、今でも有明海沿岸地域などに見られ、地域的色彩が強いものです。なんともいえぬアクの強い、まるで鎧《よろい》かぶとで身を固めたような風味があり、腰のすわった酒の肴に合います。内子《うちこ》（卵巣）の塩辛も地方地方の自慢のカニで作られています。

塩辛というとイカを連想する人が多く、しかも肝を使った塩辛をイカの塩辛と思っている人がほとんどですが、肝を使うようになったのは特に戦後のことで、今生きていれば百二十歳になる市場の珍味屋の主人が、昔、この腑入りの塩辛を嘆いていたことを思い出します。

本来、「白作り」といわれる塩辛は、内臓、眼球、烏口《カラス》、足、耳などの硬い部分を取り除き、胴部の皮を剝ぎ去って、本当にやわらかい肉だけを細く細く切ったものに塩をあてて攪拌するだけのものです。数日間まめに攪拌し、塩の馴れるのをまって製品にしたもので、イカのなかでも特にヤリイカで作ったものは、乳白色の光沢と上品な味わいがあり、塩辛中の白眉といってもよいものです。

「黒作り」は、この「白作り」にイカの墨汁を加えたもので、イカ一杯分につき七、八杯のイカの墨を必要とします。この墨には多くのアミノ酸がふくまれ、独特のこくがありますが、あまりの黒さに見た目で敬遠されがちです。越中の滑川《なめりかわ》、四方《よかた》の名産であり珍味であることに異存はないでしょう。

「赤作り」は、現在一般的にいわれている肝入りの塩辛のことで、スルメイカを材料とし、肝の色の臙脂色《えんじいろ》からつけられた言い方です。肝を笊《ざる》の上に並べ、強塩をして一晩冷蔵庫に寝かせます。身は皮を剝ぎ、薄塩をして肝と同じように寝かせます。塩をされた肝は水分が切れ、練り餡《あん》のような状態になります。まわりのワタ袋を丁寧に剝ぎ、身と合わせ、塩味が足りないときは塩を加えて塩梅《あんばい》します。

「赤作り」は、すぐに食べる場合と熟成をまって食べる場合があります。すぐ食べる場合は肝のもつ清新な香り高い風味を味わうためで、塩辛というよりは合え物に近く、とりわけ吸盤が手に吸いつくような鮮度のイカを使わねばなりません。また熟成をまって食べる場合は、蓄積された深い濃度が感じられますが、肝の香りは立ちません。

どの作り方でも素敵なおいしさがありますが、市販の塩辛の多くはアミノ酸、その他の添加物で調味され、塩辛のようなものであって塩辛ではないので、簡便性を拒否して自分で作ると、不思議と感動が湧き、自分の外にあった概念が自分の内なるものに還元されていることに気づかれるはずです。

酒呑みが泣いて喜ぶ珍味に「酒盗」があります。酒を盗んでも飲みたくなるほど酒との相性がよいので、土佐では酒豪が多いのだと高知の知人が言っていましたが、この珍味も食べ馴れた者でないと真価は理解できないでしょう。私も味わいがわかるようになるまでに、ずいぶん時間がかかった記憶をもっています。初めて食べる人は、きっと辟《へき》易《えき》するでしょう。しかし食べつけると、私の鮒ずしと同じように心地よく感じられるようになるはずです。

酒盗はカツオの胃と腸を塩漬けにして壺などに密封し、毎日二回ほど攪拌しながら冷暗所に寝かせ、二カ月ほどゆっくり熟成させたものです。なかには幽門垂や肝臓も使って作る場合もありますが、幽門垂は脂質が強く、酸化する速度が早くなり、舌にピリッと刺すようなえぐ味が出てしまいます。ですから、秋口の脂の乗ったカツオの内臓で作るよりも春先の脂のないカツオのほうが仕上がりは上品です。

肝を入れた場合は妙に甘ったるく仕上がり、酒盗の苦味をふくんだ本来の味の輪郭を損ねるため無理に使う必要はありませんが、量がたくさんできるのは事実です。

長期間熟成させるため、塩は容量の二〇パーセントほどを使わねばなりません。塩を抑えたものは熟成中に腐敗を起こしやすく、アンモニア臭さえ生じる場合があります。そもそも酒盗は箸《はし》の先でわずかにつまんで口にするもので、料理屋でよくするように酒で塩を抜いて食べるような珍味ではないはずです。

まずカツオの胃と腸を取り出し、包丁を入れて開き、汚物と粘液を取り除きます。特に腸のなかには未消化のざらざらしたものがたくさん詰まっており、完全に取らないとせっかくの丹精も水の泡となってしまいます。このときに水で洗い流してはいけません。内臓のもつ酵素を洗い流すということは完璧な熟成を妨げるからです。

胃と腸を細かく刻み、塩をあて数時間水囊《すいのう》で水気を切り、容器に移します。塩を加え三日もすると水分が滲み出てきます。胃や腸はカチカチになり、次第に薄く褐変しますが、毎日攪拌していくうちに解硬をはじめ二カ月もすると、気恥ずかしい沈んだ韻律の特有な臭気が醸《かも》されてきます。

鼻をツンと刺すような金気臭が最高度に達したときが、まさに頂点に達した証拠です。

魚類の塩辛のなかで私が最も丁寧に作るのは、タイの胃と腸だけで作った酒盗です。作り方はカツオの場合とほぼ同じです。

あまりに量が少なく、秋口になると毎日少しずつ足していきますが、そこそこの量になるにはかなりの日数を費やさねばなりません。薄い橙色《だいだいいろ》の腸と薄桃色の胃は、塩をあて一週間もすると焼煉瓦色に黄変してきます。カツオとは比べようもないほどの際立った刺激臭が放たれてきますが、生臭みが強くとても食味に耐えうるものではありません。しかし、二十日ほどすると刺激臭も消えて潮の香を感じるようになりますが、さらに十日ほど寝かせて熟成されるのです。

鄙《ひな》びた諧調の塩辛のなかでも、タイの酒盗ほど高い香味を醸す塩辛はないでしょう。

朧《おぼろ》に霞むシバエビの味調

「そぼろ」とは、髪などが乱れてからまっている様子を意味し、そぼろ髪という言葉がありますが、もう一つ別の意味をもっています。

タイ、タラなどの魚肉をゆでたり蒸したりして小骨をとり、毛のような状態になったものに砂糖、味醂、醤油で味つけした、でんぶ（田麩）のことも言います。もっとも、現在はタイからは作られていません。

「おぼろ」とは「朧」と書き、朧月夜という言葉があるように、月が霞んで辺りが薄明るい夜のことを指しますが、そぼろと同じように、靄《もや》が立ちこめたようにボーッと見えるところからついた名前で、一般的には、そぼろ、でんぶ、おぼろを同じ意味で使っています。

昔は、ちらしずしを注文するお客のなかに、「でんぶは嫌いだから入れないで」とよく言われたものです。もっとも、近頃は特別注文のちらしにしか入れられない値段になってしまいましたが、若い頃のこちらにしてみれば、「冗談じゃねえ！　家《うち》のはでんぶじゃなくておぼろだぜ」という気持ちになったものでした。お客が言うように、確かにタラでんぶが旨いとは思いませんが、すし屋で特に〝おぼろ〟と気取る理由は、シバエビ（芝蝦）で作るからです。『本朝食鑑』に、シバエビは大きさが三、四寸にしかならず、殻は薄くて色は白く、武州の芝江で多くとれるのでこの名がついた、と記されています。武州とは武蔵の国、今の東京で、芝江とは港区芝のことです。芝という言葉は、まぎれもなく江戸前という印象をもつのですが、古書に芝肴という字があるように、厳密には芝の海でとれた小魚などが江戸前で、特にシバエビは群棲も夥しいものであったといいます。昔は東海道のすぐ東側が海で、芝から品川辺りまで海苔篊《のりひび》が連なっていて、高輪の小高い所から眺める朝日がたいへん美しかったと聞かされましたが、今は埋め立てられ、当時の面影は全くなく、稚エビが育つ環境の干潟や浅瀬がどんどん東京湾から姿を消し、シバエビもとれなくなってしまいました。

シバエビは内湾性のエビで、東京湾以南、伊勢湾、瀬戸内海、有明海に分布。水深二〇メートル前後の砂泥地に棲息します。クルマエビ科で体長一二〜一五センチ、クルマエビに似ていますが甲は硬くなく、青い粟粒のような微細な斑点が無数にあり、全体は淡青色で触角は赤くて非常に長く、寿命は一年です。

産卵期は五〜八月頃で、産卵に先立ち交尾します。雌は胸脚の付け根、動物でいう足の付け根に生殖器があり、雄は下になって額角でその部分を刺激します。その気になったかどうかは知りませんが、今度は雄が上になり、雌を押さえつけて交接器を接合します。エビはもつべきものをもっているのです。交尾が終わると、雄は交接器から分泌物を出して雌の生殖器を塞いで浮気防止のための貞操帯をはかせてしまいます。夏場、エビ類をひっくり返して見ると、硬い二枚の花弁のようなものが埋めこまれている雌を目にしますが、これは独り身でなく亭主もちで、しかも妊娠中という看板です。商売人は石持《いしもち》と呼んでいます。

シバエビはさしみにしても淡白で上品ですが、歯ざわりと甘味が今ひとつ物足りなく、私は軽く塩をしてからガーゼに包み、薄くのばした白味噌に一日漬けこんだり、あるいは酒と麹《こうじ》に漬けこみ、酒の肴を作ります。

シバエビは火を通したほうが、より真価を発揮します。

豊臣秀吉の時代、懐石の献立のなかに南蛮料理であるテンポウラというのがありますが、これはtemperoというポルトガル語からきたと言われています。

徳川家康がテンプラで死んだというのは有名な話です。妾の多い家康は、テンプラは精力がつくとか何とか言われたに違いなく、歳のくせに脂の強いテンプラを多食して胃腸をこわして死んだと、真偽はわかりませんがそのように伝えられています。

テンプラに「天麩羅」という字を当てたのは山東京伝《さんとうきょうでん》と言われています。京伝は江戸後期の戯作者で深川の質屋に生まれ、名は伝蔵。江戸愛宕山《あたごやま》の東方に住んでいたので山東庵、京橋に近いので京伝と号し、『江戸生艶気樺焼《えどうまれうわきのかばやき》』などの黄表紙《きびょうし》（挿絵を主とする大人向けの通俗読み物）を書いた人です。

江戸前天麩羅というと、私は何よりもシバエビが大好きです。三つ四つ筏《いかだ》（木材や竹をつなぎ合わせること）にカリッと揚げたものは、素材が淡白であるほど油の香りが際立ってくるのです。

テンプラというとまずクルマエビを連想します。クルマエビの養殖が産業となったのは、一九六〇年以降のことで、それ以前、冬眠する冬場は特に、非常に高価なものでした。昔、「お座敷天麩羅」と称する高級な店は、サイマキという五匁（匁は約三・七グラム）くらいのものを使っていましたし、産地にもこだわりをもって仕入れ、それを誇りとして商いをしていたものです。現在では天然もの以外にも各地で養殖されていますし、輸入ものにいたっては全盛ですが、姿・形だけで味わいはありません。

クルマエビの活きているものを見て、それだけでおいしいと錯覚している人がいますが、とんでもない話で、活きていても何の味わいも湧いてこないクルマエビがあります。これは産地の違いで、相場が歴然と違うことを見てもそれは証明されています。よくどこそこで食べたクルマエビは活きていたけど風味がないという話を聞きますが、こういう人は味覚が確かで耳からくる情報や目からくる視覚にまどわされていない証拠です。

天麩羅のネタにアナゴやキスがありますが、市場には開かれて冷凍にされたものが売られています。魚を開く手間も何もいりませんし、非常に廉価です。揚げてもこういったものに風味は全く感じられません。

活ハゼやメゴチの揚げたてを口にふくむと、ポロッポロッとくずれ、粉雪を噛むような味わいは、まさにテンプラの醍醐味といってもよいでしょう。

私がシバエビにこだわる理由は、江戸前という風の匂いと、クルマエビのように主役に立てないものへの江戸っ子の肩入れからきているのかもしれません。

おぼろ作りはたいへん手間がかかりますし、仕事が単調で面白みがなく、新米の小僧さんがよくやらされる仕事です。シバエビは一五センチくらいあると仕事は楽ですが、値が張るので昔は小ぶりの値の安いものを使うので、手間儲けの仕事のひとつでした。触角が長いためにヒゲとヒゲが絡まっていて、一匹ずつ離して頭を取り、殻を剝くのですが、頭部の棘が指にチクッと刺さるのが苦痛ですし、二キロも剝くとうんざりしたものです。それから背のほうにある背わたを一本一本抜きますが、これは砂を嚙んでいるからです。背わたを取ったあとは、薄い食塩水でよく洗い、ひとつまみの塩を入れた水を沸騰させて塩ゆでします。エビを入れると、一瞬沸騰がおさまりますが、またすぐ沸いてきます。沸いてきたら十五秒ほど火を通し、笊に上げます。ゆで汁は捨てないでとっておきます。少し冷めたエビをミンチして擂《す》り身にします。さきほどの煮汁に砂糖、味醂を加え、擂り身を入れ、弱火でゆっくり煮つめていきます。つめ過ぎてポソポソにしてはいけません。しっとりフワーッとした感じが残るようにつめていきます。

おぼろは握っても巻いてもおいしいものですが、素材のすべてに手がかかっている太巻には特に不可欠です。すし屋の仕事の結晶は太巻と言っても過言ではありません。その理由は素材の全てに手間がかかっているからです。

私は何度かクルマエビでおぼろを作って太巻を巻いたことがありますが、なぜか調和がとれませんでした。おそらくその理由は、クルマエビは香りが高すぎて、あるいはおいしすぎて、他の具である玉子焼、しいたけ、かんぴょうなどの味わいと喧嘩してエビだけが引き立ち、互いの味のバランスがくずれてしまうように思えるのです。

昔は、シンコ、サヨリ、小アジ、小ダイなどの淡い味わいのすし種にはおぼろを噛まして握ったものですが、この場合でもクルマエビの味が勝ってネタがぼけてしまうのです。

もっとも香りの点だけでなく、昔は酢締めの仕方が強く、シャリも酢と塩だけで、ネタもシャリも塩味が勝っているためにおぼろの甘味で塩梅したことも、おぼろを噛ました理由のひとつです。ですから、昨今の酢締めのように魚の味わいを引き出すような酢の当て方には必ずしもおぼろを噛ませるかどうかということは、その食する人の嗜好の問題で、どちらが本道でどちらが邪道などという狭い了見の話ではありません。

シバエビには、ひかえめなまさに霞に包まれたような諧調の味わいが立ちこめてくるように感じられてなりません。

タラの王者はヒゲダラ

厳冬の花びらのような雪の降りしきる頃、その景色さえ彷彿《ほうふつ》とさせるような北国の雰囲気を漂わせる魚はタラ（鱈）でしょう。『本朝食鑑』に「鱈は初雪の後に漁れる魚故、雪に従う」と書かれていますが、タラは雪のイメージを代表する魚です。一般にタラというとマダラを指します。

マダラは寒流系の底棲《ていせい》魚で、一メートルを超え、一〇キロにもなります。体形は前部が太く腹はふくれ、後部に向かってしだいに細く側扁し、鱗は微細で、大きな口と鋭い歯をもち、下顎の下に長いヒゲをもちます。これは餌をさがす触角の役目をし、濁った海ほど長くなります。タラ科の特徴として、三基の背鰭《せびれ》、二基の尻鰭をもち、体色は背部が暗灰褐色で、腹部は銀白、体側に不規則な暗色斑があります。これがまだらであるところから、マダラ（斑）の意で、頭音脱落によってタラとなったようです。マダラは雑食性の貪欲な魚で、大口魚、呑魚とも書かれていたように、手当たりしだいなんでも腹いっぱい詰めこむために「鱈腹食う」という言葉があります。

マダラは、心配ごとがあるわけでもないでしょうに人間と同じく胃潰瘍が多いそうですが、それはカニなどの鋭い棘が刺さったのが原因です。

マダラは日本海及び太平洋北部に分布していますが、日本海のほうが豊富です。しかし、味わいは別のものがあります。

群れをなして沖を回遊する白っぽくて太った「沖ダラ」と、細く黒っぽい岩礁の根に棲む「根ダラ」とよばれるものがありますが、味は沖ダラに軍配が上がります。

折り紙つきは函館湾の外と、背後に大沼国定公園をひかえた鹿部《しかべ》方面の「かげのタラ」とよばれるものです。次に噴火湾及び日高の三石、浦河、様似《さまに》の本場もので、反対に日本海のものは痩せていて肉締まりや厚みに精彩を欠くのは、干鱈《ひだら》の製品を見ても明らかです。

マダラは氷蔵され、旅ものとして市場に送られてきますが、鮮度低下が著しく、ひと昔前はタラ特有の嫌悪すべきアンモニア臭が強く、出荷に際しては塩ものでなければ通用しませんでした。

タラの身は加熱するとチオプロリンというアミノ酸が生成され、これが体内の発癌性物質を抑える効能があるといわれています。胆嚢から消化薬の原料を、鰾《うきぶくろ》から膠《にかわ》をとり、ゼラチンや接着剤に、肝臓からとった肝油はビタミンA、Bを多くふくみます。

輸送力のおかげで、十一月終わりになると活ダラが北海道から入荷します。相場はキロ三千円くらいです。一月になると三陸方面から入荷し、キロ二千円、三月の常磐ものは抱卵し、相場は下落します。

産地の人はさしみを自慢し、昆布締めにして賞味します。私には繊維の粗さが目立ち、香味もあまり感じられません。淡白に過ぎるのです。淡白といってもいろいろな意味あいがあります。淡白でもその奥に何かを秘めた味わいのあるものと、そうでないものがありますが、タラには後者のイメージがあてはまります。

料理法は鍋が最適です。サケと同じように三平汁や石狩鍋にしたり、津軽方面では、じゃっぱ汁にします。「じゃっぱ」とは方言で「捨てもの」という意味で、切り身を取った後の頭、鰓、鎌、中骨、内臓などに大根、ネギを加えて味噌仕立てにした鍋汁のことで、漁で凍えた体を温めるための漁民の料理です。

干しておいしい魚はたくさんありますが、マダラもそのなかの一つです。昔は安く、家庭の当たり前の惣菜に干鱈がありました。最近町中《まちなか》で日にすることはありませんが、一部の愛好者の間では嗜好品として扱われています。

干鱈の製法は、まず頭を落とし、腹から開いて内臓や血合を奇麗に取り除き、水にさらして血抜きします。重量の一割の塩をして一枚ずつ重ね、三、四時間ごとに天地し、等分に塩を浸透させ、水分を抜きやすくします。

塩漬け後、大きな厚みのある開きを長期保存を目的に、パリパリに乾燥させます。そのためには肌を刺すような寒風が必要となります。名産地はその条件を満たしています。汗ばむ季節になると、干鱈のあっさりした口当たりが何とも嬉しく、私の酒の肴、ご飯の惣菜になくてはならぬ一品です。

京都の有名な「芋ぼう」は棒鱈とえび芋の料理です。

内臓を抜き、海水でよく洗ったものを二尾ずつ尾をくくり、吊り下げて一カ月半以上日干ししたものと、三枚に下ろし、海水で洗って同じように干し上げた骨のないものがあります。

「鱈ちゅう」は喉から胃の部分を塩蔵素干ししたもので、九州西部では保存食品として珍重されてきました。また「鯛田麩」と銘うって売られているものは、タイではなくタラが使われています。干鱈は水にさらすと粘着性がないため、「毛になる」といわれるように細い繊維になり、付け味をよく吸いこむために使用されています。

マダラの精巣は「菊子《きくこ》」とよばれ、相場も高く、優良品はキロ八千円以上の高値で取引されています。活タラから抜かれた菊子は真っ白で光沢があり、張りのあるものがよく、白濁したりピンクの色彩の混ざったものは鮮度が落ちています。最近は北米やヨーロッパから輸入されていますが、品質は劣ります。

菊子は鮮度がものをいいます。一日たっただけでもすぐ臭いが出てしまい、トラフグやムツの白子より調子が落ちて感じられるのは否めません。

白子は焼くと焦げの風味がなんとも言えないおいしいものですし、小麦粉で化粧してカラッと揚げた菊子揚げもクリーミーな味わいは出色です。


魚偏に底と書いてスケトウと読みます。「底」と書かれますが、生活層はマダラより中層です。体長はマダラより少し小さく、七〇センチくらいで細長く、下顎のヒゲは短くなっています。昔は佐渡で多くとれ、佐渡を〝すけと〟とよんでいたところから、スケトウとなったようです。マダラと反対に日本海のほうが質は高く評価されます。

戦後、スケトウは擂り身として開発され、全国規模で練り製品の原料となっていますが、魚族としては人気のまったくない可哀そうな魚です。そのなかでもスケトウの唯一の救いは魚卵です。一般的にタラ子と言われているのは塩蔵品で、生をスケ子といいます。明治期は破棄か肥料にされていましたが、大正期になって初めて塩蔵され製品化されたようですが、当時は見向きもされませんでした。

需要が増えたのは戦後のことで、遠足の弁当にはいつもカチカチに焼いたタラ子が入っていましたし、今でもその匂いを嗅ぐと、往時の記憶が甦り、さまざまなことが思い出されます。

タラ子は「旭子」「紅葉子《もみじこ》」「すけ子」ともよばれます。旭子は、樽のなかに放射状につめた形が旭の形に似ているところからきていますし、紅葉子は紅葉の赤い色彩を想わせるからでしょう。最近は旨味調味料などを添加したものばかりですが、私は時期になると自分で作ります。

スケトウ漁は十一月下旬、日本海側余市《よいち》、古平《ふるびら》から始まります。この時期から一月頃までの魚卵は未熟卵で最高の品質です。魚卵の成熟したものは水っぽく崩れやすいため、熟す前に価値があります。三月近く江差《えさし》に南下したものは熟卵で味わいは一気に落ちてしまいます。

スケ子は鮮度低下が早く、すぐに皮膜に独特の臭いがついてしまいますから、止め物（入荷した日に売れ残ったもの）に手を出してはいけません。仲買を信用するか、直接臭いの有無を嗅いだほうが賢明です。仕入れたスケ子を塩水でよく洗い、簀《すのこ》の上で水切りします。処理中は室温より冷蔵庫に入れたほうが品質の劣化を防ぎますし、乾燥するため水切りが早くなります。そのあとで塩水漬けをしますが、この塩分濃度が肝腎です。

私はシャリの酢の配合のときは必ず秤にかけます。同一の調味料を調合するわけですから、目分量よりも秤のほうが確実にいつも同じ味つけにすることができるわけです。

ところが、コハダやサバの酢締めは、塩をする時間や酢につける時間は素材によりさまざまです。

脂の乗り具合はそのときどきの温度によって変わってきます。こういったものは勘に頼らねばなりません。

このように塩分濃度もスケ子の大きさや熟し加減により違い、一口では言えません。かなり濃いとだけ表現するしかありません。大事なことは半日ほど浸《つ》けこむことにより卵の一粒一粒がプチプチと音の響きを立てるように作ればよいのです。しかも芯はトロ〜ッと生の卵の香りを漂わせていれば言うことはありません。

黄みを帯びた肌色の魚卵は塩水に寝かすことによってしだいに浅緋色《うすあけいろ》になり、さらに時間が経過するに従って朱色を呈してきますが、これがタラ子の自然な色調です。発色剤の赤い色になれた人は、別の食品と勘違いするかもしれません。我々の目は、自然な色合いに映るものをおいしく感じるのです。

スケ子に高い評価を与えられなかった理由は、ムツ子のようにビロードのような滑らかさや、匂い立つ風味がないからです。

矛盾を感じる人がいるかもしれませんが、風味に欠けるそのぶん、魚卵のなかでタラ子ほど米に合うものはないと思えるのです。

塩むすびという言葉があるように、おむすびの原点は塩だけで十分米のおいしさが湧いてきます。たとえばご飯にカラスミを乗せて食べるとたいへんおいしいものですが、カラスミが表に立っては、米の味はぼやけてしまいます。そういった意味でもカラスミは酒の肴に適していますし、私にとってタラ子はご飯のおかずの主役になっています。タラと名のつく魚のなかで、私が最も上位にランクし、冬になるとよく仕入れる魚はヒゲダラです。

タラとよばれていますが、タラ科でなくアシロ科の魚です。形状もタラとは違います。ヒゲダラを正式にはヨロイイタチウオ（鎧鼬魚）といいます。最もおいしい大きさは七〇センチ、三・五キロくらいです。三崎より南方に棲息し、九州からの入荷が多くなっています。近縁のイタチウオは茶褐色でロシアでは「あごひげを生やしたイタチのような魚」といわれ、体形、体色がイタチを連想させますし、日本では地方によってウミナマズとかオキナマズとよばれています。江戸時代でも外見から「比久尼《びくに》」といわれました。比久尼とは尼の姿で売春をしていた下級の私娼のことです。

ヒゲダラは赤みを帯びた淡褐色で「アカヒゲ」ともよばれ、頭部は口が大きく裂け、絨毛状《じゅうもうじょう》の歯帯だけで鋭い歯はありません。背鰭《せびれ》と尻鰭は尾鰭と連なり、ちょうどウシノシタ科のシタビラメのような尾部になっています。両鰭の周辺は白色、尾部は黒色です。ヒゲダラの大きな特徴は、主鰓蓋骨《しゅさいがいこつ》上端にある鋭く太い一本の棘と、前鰓蓋骨に下に向かって三本の棘があることで識別できます。

目の真下の腹鰭は二本のヒゲのようになっており、よく観察すると、二本とも先端が二叉しています。なかには二叉した片方のヒゲが途中でさらに二つに分かれているものもあり、学者にとっては興味が尽きないことでしょう。胃袋は深海魚の割には小さく伸縮性もありませんが、肝臓は発達しているほうです。鰾《うきぶくろ》は非常に厚く強靭で、膠質の塊といってよく、炊いて食べると特に女性は翌朝、肌がピカピカになること、うけあいです。

ヒゲダラはタラではありませんが、私にとってタラチリは、このヒゲダラをおいてほかにありません。

髭とか鼬《いたち》とかいったイメージとは、まったくかけ離れた雅味のある甘ったるい味わいを感じ、ヨロイイタチウオの真価を認識するはずです。

塩焼も酒の肴に絶品です。

さらに昆布締めにしたものは独特の味感を呈し、シャリシャリとした音の響きのなかにそよ風のように香る藻潮の匂いを感じとることでしょう。

東海の小島の磯のカニは何ガニか

足袋《たび》に草鞋《わらじ》に紺の脚絆《きやはん》、白いダボに深々と編み傘をかぶり、天秤棒《てんびんぼう》の両の端に盤台をぶらさげ、そのなかに甲羅を下にしたワタリガニ（渡蟹）を山のように積み、腰で調子を取りながら浦安あたりから毎日のようにカニ売りが私の小さい頃（昭和三十年頃）来たものでした。ちょうど盤台が、小さな私の目線の高さと同じくらいで、裏返されたカニの脚が歩く歩調と連動してゆらゆら揺れ、まだ生きているような錯覚をおぼえました。子供にとっては何か恐ろしく異様な光景を、じっと目をこらし、息をひそめて見たものです。

父にすすめられ、カニを初めて食べたとき、見た目の形とはかけはなれた味と香りに圧倒されて大好物となり、それ以来は、形容で好き嫌いを言ったことは一度もありません。実際、食い意地と無鉄砲さで、浅草寺の庭の池でとったザリガニを生で食べるなどという馬鹿げたこともしましたし、潮干狩で小さなカニを捕まえてきて、店の女中さんに味噌汁のなかに入れてもらい、味噌汁はカニに限るなどと戯言《ざれごと》を吐いた幼い頃が思い出されます。

殻が赤いところから、あるいは煮ると殻が赤くなるところから、「カ」は殻、「ニ」は丹（赤い色）の意をとって「カニ」という名がついたようです。

昔咄『さるかに合戦』はよく知られていますが、『日本霊異記』にも書かれているように、村人に捕えられたカニを救った少女が大蛇に襲われたとき、たくさんのカニが出てきて大蛇をはさみ殺しますが、その際に死んだカニの冥福を祈って建立されたという京都山城にある蟹満寺《かにまんじ》など、カニとの関わりのある話は大昔からあります。

諺に「蟹は甲羅に似せて穴を掘る」とありますが、これはカニが自分の甲羅の大きさに合わせて穴を掘る習性があるところから、自分の分相応の行動をとるものだというたとえに使われています。また、「蟹の念仏」とは、カニが口から泡をたてる様子を、何かぶつぶつ訳のわからないことをつぶやくことにたとえた言葉ですが、何もカニが好んでぶつぶつ文句を言ってるわけではありません。カニは普段は天敵であるタコや肉食魚から身を守るために穴のなかに潜んでいますが、干潮になると口から泡をふきながら餌をあさるのです。

水中から出ると、酸素が希薄になるため呼吸がむずかしくなるので、その泡に空気中の酸素を溶かし入れて呼吸するための生きる知恵なのです。

カニは文学にも多く登場します。有名な「東海の小島の磯の白砂にわれ泣きぬれて蟹とたはむる」は、石川啄木の『一握の砂』(一九一〇年)に収められた短歌です。私が初めてこの短歌を知ったのは、小学校六年生の塾の授業のときでした。いつも昆虫の図鑑や魚の図鑑ばかり見ていた小学生にとっては、とても奇妙な響きを感じたのです。

この作品が函館の大森浜海岸で生まれたものであること、作者啄木が世の中に不満を持ち、ナルシストだとかペシミストだなどと言われたというようなことを当時の私は知る由もなく、昆虫博士や魚博士を夢見る六年生にとって、文学的解釈などできようはずもありません。

子供心に「東海の小島」というからには静岡県及びその周辺しかない。「小島の磯」というからには島があるはずだ。島らしい島は地図帳を探しても二カ所しかない。一つは熱海の沖にある初島と伊良湖岬沖の神島、答志島くらいのものだ。答志島は小島にしては大き過ぎる。初島は行ったことがあるが、白砂の浜などなかったように思う。神島がイメージにピッタリだ。

「泣きぬれて蟹とたはむる」と言ったたって、磯にいる小さなカニの動作は敏捷だ。とるだけだって大変だ。ましてや泣きながらカニと戯れられるはずがない。それともこの人は泣きわめきながら、あちこちカニを追っかけたのであろうか。教科書に出るような偉い人が小さなカニと追っかけっこをするはずがない。ならばこのカニというのはタラバガニかタカアシガニかもしれない。これならノッシノッシと歩くから戯れる暇《ひま》はあるはずだ、だがまてよ、タラバガニが東海地方にいるはずもない。タカアシガニだって深い海に棲んでいる。そうか、戯れたのはカニといっているが、砂の間違いだろう。「東海の小島の磯の白砂にわれ泣きぬれて砂とたはむる」、このほうがバックが生き生きするし矛盾は少しも感じられない……。このような少年でしたから、国語はいつも零点に近かったわけです。

小林多喜二の『蟹工船』（一九二九年）は日本の初期プロレタリア文学の代表作ですが、船中に缶詰工場まで備えた船団が組織され、北海道や東北の農家から連れてこられた娘たちが安い賃金で苛酷な労働を強いられた女工哀史の調べを今に伝えています。

カニは星座にもなっています。カニ座は黄道上の第五星座で双子座と獅子座の中間に位置し、太陽は七月下旬ごろカニ座を通過します。ギリシャ神話によれば、英雄ヘラクレスが大蛇ヒュドラを退治したとき、ヘラクレスを憎む女神ヘラーが遣わした大ガニがヒュドラに加勢し、ヘラクレスの足をはさんだので、怒ったヘラクレスはそのカニを踏みつぶしてしまったのです。ヘラーがこれを哀れみ、天に昇らせ星座にしたのがカニ座です。カニ座の英名はCancerです。cancerには癌の意味もあり、患部付近の血管や他の組織などがカニの甲羅に似るところから付けられています。カニは医学の面でも役立っています。カニやエビの殻にはキチンという物質がふくまれており、これは酸にもアルカリにも強く、水にも溶けません。性状はセルロースに似て多糖類ですが、違う点は窒素をふくんでいることです。キチンは、宇宙開発の分野、人工血管、制癌剤の分野で脚光をあびている物質です。

カニを図案化して紋所にしているのも、われわれと深い関係があることがうなずけます。

カニは世界に五千種以上いて、日本にも約百種ほどいるそうです。

われわれが通常接するのはタラバガニ、オオクリガニ（毛ガニ）、ワタリガニ、ズワイガニぐらいでしょう。

カニは戦後の乱獲がたたり、激減し、今ではカニの脚肉に味や形を似せたコピー食品が罷《まか》り通り、中華料理、すしネタ、サラダなどに恥ずかし気もなく供されています。材料にはスケトウダラの魚肉を使い、カニ風味の香料でマスクした蒲鉾《かまぼこ》にすぎません。何も知らない若い人のなかには、シーフードサラダとかいわれて、入っているカニ棒のようなものを本当のカニだと思って食べている人がいるのです。松茸にしても、松茸エキスなる香料が出回り、山の匂いを伝える本当の松茸の香りさえわからなくなってきているようです。食べ物の香りは、天然感というものが一番大事であることに議論の余地はありません。

山葵《わさび》を擂《す》る私の手元を見て、何をしているのかと中学生に聞かれたことが何度かあります。中学生にとって山葵はチューブに入っているものという認識があるようです。少し舐《な》めてみて青臭いといいます。植物だから青臭いのは当たり前の話ですが、粉山葵に馴れるとどうしても耐えられなくなるようです。

マグロにしても、香気のない冷凍ものしか食べていない若い人は、近海の本マグロの酸味を、「このまぐろは変だ」と思うようです。本マグロのもつ血の香りに耐えられないのでしょう。馴れとは恐ろしいものです。ローマは肉食で滅びたと言われているように、日本もコピー食品やインスタント食品で滅びる時が来るかもしれません。

私はなにも「高価なものを食べよ」と言っているのではありません。ほんの少し労を惜しまなければ感動的なものが手に入るのです。たとえばカニ缶に二千円、三千円、それ以上のものもありますが、それよりも活の毛ガニは一杯千五百円も出せば、かなりのものを買うことができますし、自分で塩ゆでして食べるとカニの自然な風味に納得するはずです。

タラバガニ（鱈場蟹）はハナサキガニ（花咲蟹）同様、カニに見えますが、カニの形をした、カニとエビの中間にあたるヤドカリの仲間です。

縁日などの露店の店先で、貝殻を背負った小さな生き物が洗面器のなかに立てた木のはしごをゆっくり登ったり降りたりしている光景を見たことがないでしょうか。これがヤドカリです。体が成長するとその殻が小さくなるので、もうひとつ大きい貝殻を見つけてちゃっかりと衣替えをします。大きいものになるとサザエやホラガイの殻をつけ、小さいものは一センチほどのイボニシなどの空き殻が彼らの住処《すみか》になるのです。

カニの脚は、鉗脚《けんきゃく》をふくめ五対（十本）ありますが、タラバガニは四対（八本）しかありません。第五脚は委縮して腹面に隠れていますが、甲羅をはがすと退化した脚を見ることができます。

タラバガニはタラの漁場でとれるからタラバというように、寒海性で、北海道オホーツク沿岸からベーリング海、アラスカ沿岸に分布し、甲幅二五センチにもなり、脚を広げると一メートルを超す、七〜八キロのものも珍しくありません。英名では、Alaskan king crabといいます。

『蟹工船』で女工が女工節を歌いながら作った缶詰の中身がこのタラバです。体表に無数の棘があり、おいしい大きさは五キロぐらいでしょう。殻はやわらかくぼこぼこして、腹部はヤドカリと同じようにぶくぶくした感じです。築地市場には航空便で冬から春先にかけ活のまま入荷し、相場はキロ五千円といったところです。塩ゆでにしたり、焼いたり、洗いにしてさしみでも食べられます。

タラバガニは太平洋側、特に駿河湾にいる世界最大の甲殻類でgiant spider crabとよばれるタカアシガニに次ぐ世界でも二番目に大きなものであり、この脚肉の塊に喰いつくと、「食べたなあ」という実感がこれほど湧いてくるカニはほかにないでしょう。

毛ガニを初めて食べたのは昭和三十八年頃でした。それまでは北海道に行ったこともなく、ただ遠い国のあこがれの「旨しカニ」として意識していましたが、東京では一般には見かけることはありませんでした。当時は、産地で釜ゆでされたものがドライアイスで固められ築地市場に入荷していましたが、かなり高価なものでした。冷凍品もありましたが、解凍すると水っぽくて、評価は低かったようです。現在のように活物が普通に入荷するようになったのは、昭和四十二年（一九六七）ごろからで、たっぷり味噌の詰まった胸部の肉を口にしたとき、「流氷の味とはこういうものか」とはるか遠い北の海の景色を想像したものです。

毛ガニは寒海性で越前・磐城以北に分布し、タラバガニと同じ海域に棲んでいます。一般に雄のほうが大形で、甲幅一二、三センチになり、甲は石灰化が不十分で硬くありません。甲面に九個の突起物があり、左右対称に並び、体中に毛が密生しているところから毛ガニと言われます。英名はhorse hair crabです。雌は資源保護のためとることは禁止されています。市場に雌が出荷されることはありませんが、小振りながら緋色の卵塊の詰まった、あたかも卵黄を潮の香りで凝縮したかのような味わいはたとえようもなく、もし機会があれば試してほしいものです。現在は発泡スチロールに鋸屑《のこくず》を敷きつめ送られてきます。箱は五キロ入りで何尾入りか標示され、一杯の目方がすぐにわかります。おいしい目方は七〇〇グラムといったところです。

ガザミ（蝤蛑）はワタリガニ科に属する甲殻類の総称で、日本では九十七種が知られています。

北海道を除き、津軽海峡以南、東京湾、三河湾、瀬戸内海、有明海などの河川の流入する塩分濃度の薄い浅海の砂泥地に棲みます。甲羅は左右に著しく張りだした菱形で、二五センチほどになり、目の位置の外側に鋸歯状の棘が九個あり、最後のものが横左右に突き出しています。鉗脚の長節にそれぞれ四つの棘をもっています。ひとくちにガザミといっても、内湾性のものと外海の沿岸のものとはハサミの大きさ、形などが違い、風味も地域により違って感じられます。第五脚先端の二節は平板状で、ちょうどボートのオールのようになっていてこれでバランスをとり、長い距離を泳ぎ、英名はswimming crabです。昼は砂泥のなかにひそみ、夜間に活動して巻貝、二枚貝、多毛類、甲殻類を貪欲に食べます。ガザミは江戸前が絶品で、特に品川、大森あたりのものが本場もので、「昔は大森にカニ専門の料理屋があり、わざわざ出かけたものだ」と祖母によく聞かされたものですが、今はその面影もありません。内湾のカニが特に風味が高いのはアナゴ、シャコと同じで、好餌とする餌が豊富だからです。理由は東京湾の地図を見ればすぐ納得できるでしょう。

観音崎と富津岬を結ぶ東京湾の間口は七キロほどしかなく、湾の懐の奥は一級河川が流入し、海水は低塩濃度となり、餌となるアミが大発生していたからです。

カニの雌雄は腹甲面を見ればすぐにわかります。俗に「フンドシ」といわれる部分が凸形なら雄で、⌓形なら雌です。ワタリガニ科の雄は全体に青みが強く、白い霧状の模様があり、雌は褐色に近く、甲の後方に白い斑紋がたくさんあります。子持ちの時期は雌に人気があります。卵巣は硬くなるまでゆでずに半生《はんなま》の状態のほうが口のなかでネットリとからみつく味わいが感じられ、カニの卵巣の認識が変わるに違いありません。「ミソ」と呼ばれる部分をカニの脳味噌と思っている人が多いようですが、実際は肝膵臓で、カニのなかで一番喜ばれる部分です。身肉は雌より雄のほうがグリシン、ベタインなどのエキス成分が多くふくまれ、勝れています。

子供の頃よく言われたものですが、〝カニを食べてもガニ食べるな〟という諺があります。食べると死ぬというようなイメージがあって、それこそ細心の注意を払ってガニを取ったものです。ガニとはカニの鰓《えら》のことで、水棲動物の呼吸器のことです。人間でいえば肺にあたるところで、口にふくんでもザリザリして硬く、海綿を嚙んだような不快な味わいで、「欲ばって食べてはいけない」というたとえです。

「月夜のカニは痩せている」とよく言われます。月夜に浮かぶ醜い己の姿におびえ痩せ細り、身が少なくなったという俗信ですが、海の生物には、満月のときに申しあわせたように産卵・放精するものが多くあります。ウニ・サンゴの産卵もこのようになされます。理由ははっきりしていませんが、それはまさに天の配剤ともいうべき神秘的な事実です。カニの産卵にも同じことがいえ、産卵後は体力を使い果たし、身が細るのです。

ズワイガニ（楚蟹）は寒海性でベーリング海、オホーツク海から日本、特に能登半島南部から朝鮮半島東部に多く、太平洋側では銚子沖まで棲息します。

ズワイガニを山陰地方ではマツバガニ（松葉蟹）と言いますが、ゆでる湯を沸かすのに松葉を使ったところからきています。これを北陸地方ではエチゼンガニ（越前蟹）と言い、十一月に解禁となります。水揚げの本場は福井県三国港で、築地市場でも活ズワイがキロ一万五千円くらいで取引されます。市場では大形の雄のみをズワイガニとよび、最高値がついています。

ちなみにロシア産の活物は、キロ五千円で、大きな値の開きがあり、当然食べつけると、はっきりとその味わいの差が理解できます。

こういう書き方をすると、私が毎日のようにズワイを貪《むさぼ》っているように聞こえますが、そうではありません。

商売上、季節になると毎日のように何杯か仕入れますが、調理する際、脚の先端の、まったくといってよいほど身の入ってない部分は切り落とします。そこをちょっと口にふくむだけのことです。個体の味わいはどこの部分をとっても香り高いものはおいしいのです。香りの低いものはどこをとってもまずいわけです。産地が違えば訴える味わいも違うのが当然です。三倍以上の値の開きがあるということは、それなりの値打ちの違いがあるわけです。あとは食す人が、味がわかるかどうかということだけです。

フグにしてもマグロにしても、ピンとキリでは二十〜三十倍以上の値開きのあるのが事実です。

ズワイの雌はセイコガニとよばれ、雄の半分ほどしかありません。雄は甲幅一五センチ、脚は細くて著しく長く、左右に開くと八〇センチに達し、体色はレンガ色で、ゆでると淡い橙色になります。英名で queen crab です。カニの女王という意味でしょう。

カニの食べ方としては一般的に塩ゆでです。

カニは死ぬと傷みやすく、脱皮直後は身が細いので、ぜひとも生きている殻の硬いのを求めねばなりません。

ガザミを選ぶときは、裏を見ることです。ガザミの脚の裏側は通常真っ白ですが、肉の詰まったものは一節、二節目の脚の色が透き通るように紅がかって見えるはずです。ズワイや毛ガニなども親指と人さし指で押してみて、はね返す弾力のあるものは身が入っている証拠です。

カニをゆでるときは、海水に近い塩分濃度の塩水を沸騰させてから入れます。塩分を入れると沸点は上昇します。しかもカニのもつアミノ酸は、塩との対比効果でよりおいしくなりますし、塩ゆですることによって旨味が逃げるのを防ぐ効果もあります。反対に、ハマグリやタイの潮椀のように、素材のもつ旨味を汁のほうへ引き出す調理法の場合は、最初に塩を入れてはいけません。塩を入れることで素材の表面のタンパク質が変性し、旨味を引き出すことができなくなってしまうからです。

カニ、エビ、タコの塩ゆでは、旨味を塩水中に出さないようにしているわけです。ガザミは沸騰した塩水に輪ゴムや紐で脚を固定して入れます。そうしないと脚の付け根が一瞬でもぎれて、脚はバラバラになってしまいます。料理屋では仕上がりの艶を奇麗に出すために蒸しあげることもありますが、味は塩ゆでのほうが、私にはよいように思えます。

ゆでる時間はさまざまです。料理の本などによく、毛ガニやガザミを二十分〜三十分ゆでるように書かれていますが、そんなにゆでては、せっかくのカニの香味は飛んでしまい、筋肉にふくまれるエキスも分離して価値がなくなってしまいます。筋肉の繊維が立ってしまうのです。

沸騰している塩水にカニを入れると、いったん温度が下がります。しばらくするとまた沸騰してきますが、この時点から計ってガザミの雄なら四分、抱卵している雌でも六分くらいが卵塊が半熟で、身肉にはきちっと火が入った状態になります。卵をかちかちにゆであげてはふっくらとした仕上がりは望めません。

同様に毛ガニは、七〇〇グラムのもので十分間もゆでれば十分です。大事なことはその後です。火を止めてすぐカニを塩水からあげてはいけません。少なくとも一分間はそのまま塩水のなかに泳がしておいたほうが身肉がみずみずしくなり、表面の艶も美しく見えてくるのです。

タラバガニは大きさで時間を塩梅すればよいでしょう。

どのカニがおいしいかというのは愚問で、誰でも自分が生まれ育った地域のカニや食べ馴れたカニを上席に置くのは当然の話ですが、やはり食べ比べてみるとはっきりとした味覚の違いがあるように思えてくるものです。

タラバガニはボリュームの点では申し分なく、芙蓉蟹《フヨウハイ》などにするとなかなかのものですが、そのまま食べると、なるほど甘味はありますが、香味がなく、カニの輪郭といったものが希薄で大味というか、物足りなさがあるので、酒の肴には向きません。king crabというのは味の王様という意味ではありません。ミソもゆるく、流れてしまいやすく、怠惰なイメージがつきまとうのです。もっともそれがヤドカリ科の宿命とすれば合点がいくことでしょう。

毛ガニはミソも胸部の身肉もしっとりとし、淡いおおらかな味調で女性的なやわらかな味わいが感じられます。

ガザミは、個性的な力強い香りがあり、緻密な筋肉の繊維を感じさせ、一筋縄ではいかない気の荒々しい性質の味調は特筆すべきものがありますし、ミソや卵塊にしてもシャコにも似た男性的な猛々しい香りはほかに類を見ません。

ズワイガニの味調は、完璧に調和のとれた味感です。カニの女王といわれる所以《ゆえん》は、甘さと香りの過不足ない優雅さにあるからです。

もっとも女王とよぶにふさわしいのは、越前岬沖合付近から但馬《たじま》香住《かすみ》沖合までのものに限られます。ロシアの輸入もの、銚子沖のものとはまったく別のものと思えるほど甘味の品の高さがありますし、香りの奥行の深さが違うのです。口にふくむと、清澄な心地よい香りが頭の芯までつきぬけるように漂います。日本海の生んだ冬の味覚の女王といっても過言ではありません。

シマアジの優雅な香り

「堆《たい》」とは、バンクのことで、大洋中の孤立した海底の高まりを言い、上部は水深二〇〇メートル以内の浅瀬となり、魚類が多く集まり、絶好の好漁場となっています。日本近海では道西、天売島《てうりとう》の西にある武蔵堆、羽後飛島《うごとびしま》の北西にある最上堆《もがみたい》、土佐室戸岬の東にある土佐碆《とさばえ》などが有名です。そのほかに伊豆下田より南五〇キロほどのところに銭洲《ぜにす》がありあります。ここでよく大物釣りをしたことがありますが、本命はシマアジ（縞鯵）です。

アジ類特有の稜線が並び、体側の中央に黄色に輝く縞があるところから、あるいは黒潮に洗われる島々で多くとれるところからついた名前です。主鰓蓋骨に明瞭な黒斑が一個あり、背部は紺碧《こんぺき》とコバルトブルー、腹部は銀粉をまとい、体高はやや高く、体形は側扁し、大きさは一メートル、一〇キロくらいになり、顔つきは鋭く精悍で、「オオカミ」という渾名《あだな》がつけられていています。

シマアジのあたりは強烈で、一気に締めこみ、竿が悲鳴をあげるのですが、急にリールがからまわりして軽くなると、バラしてしまうのです。

マアジの泳いでいる様子を見ていると、よく欠伸《あくび》をするような動作をしていますが、これはアジ類特有の薄い唇をもっているからできることで、シマアジも唇が薄いため、なかなか鉤《はり》がかりせず、市場の入荷も非常に少ない魚です。

旬は夏期。一般に夏場に脂の乗る魚が少ないなかで、シマアジは出色です。築地市場に入荷する一・五〜二キロのトップクラスは、安房《あわ》野島崎周辺でとれる活物です。それこそ入荷は稀で、キロ二万円という相場はざらです。一キロ以下や三キロ以上のものは、さしみとしての真価は少ないでしょう。

紀州でとれるものも、すばらしい味を秘めていますが、南方の屋久島方面でとれるものは脂質が強すぎて香りの高さがなく、ギトギトした印象は否めません。

最近は養殖漁業が盛んになりましたが、シマアジも例外ではありません。体形、顔つきは鋭さに欠け、太めで、養殖ハマチと同じように濁った白色を呈し、ブクブクしてくどい味わいになります。それは下ろしたとき、内臓が脂の塊のなかに埋まっている状態を見れば納得されるでしょう。

シマアジは小魚や特にオキアミを好物としますが、胃袋が小さいことと産卵期と産卵の適水温がはっきりしなかったために、養殖は難しかったわけですが、胃潰瘍で胃をとった人が一日に何回も少量の食べ物を食べるように、餌の回数を多くしたり、暖流系の魚なので水温を十五度以下にならないようにすることによって、それは可能になりました。

養殖と天然のどちらがおいしいかという問題は――たとえば海苔《のり》とかカキは別として――はっきりしています。魚は天然に勝るものはありません。

ハマチ（養殖）とワラサ（天然）を食べ比べて、常識的な感性をもった人なら、たとえば書画を見て優劣を感じるように、はっきりと識別することは難しいことではありません。もっとも、ハマチしか食べたことがなく、それを旨いと感じて普段食べている人は、脳にそういったものが旨いという感覚がインプットされていますから、ワラサが旨いと感じるようになるには、少々時間がかかる場合もあるわけで、魚に限らずそういった食べ物が氾濫しているのは事実です。ですから、アミノ酸や人工甘味料入りの食べ物をおいしく感じている人は、それらが入っていないとおいしく感じられないという指示を脳が命じるのです。

本来の味をマスクしたものになれると、原味がわかりませんので、本物は旨く感じられないというおかしな現象が生まれてきます。

簡便な食品はそこをついているわけです。

もっとも、養殖技術のおかげで多くの人が廉価で魚を食べられるということは、たいへん結構なことに違いありません。

恋をしている人は、何かと相手に心のなかで注文したくなるのと同じように、魚に恋心を抱くと、ずけずけ文句を言いたくなるのはいたし方ありません。

魚はとれた場所で、風味や香味が違いますし、そこのところを理解できるようになると、産地までかなり絞れるようになりますが、その原因は棲む海の環境と、どういう餌を食べて育ってきたかという素性の問題になってきます。天然はこのように、ある程度は餌の選択ができますし、そういった餌で育ったものに本来の味神が宿るわけです。養殖は、あくまで経済性に重点をおきますから、条件に合う餌を与えられ、自分の好餌とする餌が食べられないため、当然その魚がもつ風味が宿りようもありません。

豚の肥料に高度不飽和脂肪酸の多い魚類を与えると、豚肉が生臭くなります。我々人間がたとえば牛肉しか食べないとしたら、牛のタンパク質は我々の体内で最小の低分子レベルになり、そのタンパク質が我々の肉体を作りますが、我々の肉体は牛の肉とはなりません。しかし、牛風味の肉体になってしまうのです。野鳥や渡り鳥なども、山里に棲みついたものと浜辺に棲みついたものでは風味は違います。後者については、私は何度も魚臭くて食べられたものではない経験をもっています。ですから、山か湖か、海かということは容易に判断できるわけです。

鶏にしても、昔のように庭の土の中の昆虫や細長い小虫などをつついて育ったものと、ブロイラーしたものとでは、生育期間や餌の違いで、これほど大きな差のあるものは、鶏の味を知っている人には我慢できないことです。

ウナギは養殖ものに席捲され、天然ものは見るかげもありません。天然ものを食べていつも感じることは、養殖ものには天然のような皮と身に凝縮された脂から出る土や泥の匂いがありません。もっとも、この匂いが好きか嫌いかは別として、この匂いがウナギ本来の香味であり、私にとってはウナギのウナギたる所以なのです。山椒《さんしょう》をそえる意味もうなずけるわけです。

脂の質というものがありますが、養殖ものは熱々のときはさほどでもありませんが、冷めてくると重っ苦しく感じられたことがありませんか。天然ものはそれに比べると脂が乗っているにもかかわらず、サラッとした印象を与えてくれますし、そういったものが名産地として謳われてきたわけです。

タイの入荷量も断然養殖ものが多く、ちなみに平成六年で七万六九二四トン、天然ものは一万四四四二トンです。天然ものには活物と野締めがあり、活物はその何十分の一という数字になってしまうのです。いかに天然活物が少ないかということです。しかも天候に左右されますから、冬場、時化《しけ》になると市場に五～十枚などということは珍しくありません。

養殖技術が進み、餌にオキアミを混ぜたり、シートをかけて太陽光線を遮断し、黒っぽくなるのを防いだりする努力をしていますが、それは見た目のタイらしさの追求であって、味わいはハマチと変わりありません。

魚屋でタイの兜を買った人が塩焼をしたところ、サンマの比などというものではなく、家中煙だらけになり、眼肉、頰肉、鎌の肉がげっそり落ちてしまったという話を聞きましたが、天然ものは、そんなギラギラ脂ぎったものではないのです。

ほかにも最近では、マアジ、ブリ、カンパチ、ヒラマサ、ヒラメ、ギンザケ、フグ、イシダイなども養殖されています。シマアジも二三九一トンもの養殖がなされており、ニュージーランドからの輸入も増えているのが現状です。

養殖がおいしく感じられない理由は、早く成長させるために自然な環境で育てないことと、餌が問題になることは先に述べました。脂質の味は、ある食品が自然にふくんでいる脂肪のさまざまな微量成分の質によりますし、そのなかの香気成分が味と香りを決定するわけです。もちろんアミノ酸やその他の旨味成分も無視することはできません。脂肪の粒子の大小により、口のなかで感じる油脂の厚さとか流動性が変化するわけです。

脂肪酸組成にはヨウ素価があり、油脂の飽和度や不飽和度を示す数字です。この数字が高いほど高度不飽和酸を多くふくみ、味がしつこく感じられますが、たとえば養殖ウナギは一五〇の数値であるのに対し、天然ウナギは八〇くらいで、高度不飽和酸をほとんどふくんでいません。高度不飽和酸は魚類ではサンマ、イワシ、サバなどに多く、要するにこれらの魚や高度不飽和酸の多い食物で作られた餌を食べる養殖魚は、すべて高度不飽和酸体質になり、後味がくどいものになるわけです。

しかも脂肪の強すぎるものは、その個体のもつ香気まで醸されてこないはずです。

嗜好は、人それぞれ違いますし、とやかく言う問題ではありませんが、私には私なりのシマアジ礼讃の根拠があります。

透けるような薄紅をさした蠱惑《こわく》的な色調、コリコリした歯ざわりの内に秘めたネットリ舌にまつわりつく潤み、酸味を帯びた青背の魚にはまったくないと言ってよい上品な香り高い風味、青物と言われる魚のなかでもシマアジの香りほど傑出した優雅さが漂う魚はほかにないでしょう。

余韻の残る魚卵の味覚

私たちが口にする魚卵は、一般的に硬骨魚類の卵です。サケ、マスは、そのなかでも特に大きく七ミリくらい、ちょうど大豆粒ほどありますが、その他普通の魚卵はもっと小さく、真子《まこ》とか粟子《あわこ》といわれています。真子は、雄の白子《しらこ》に対し、本当の子という意味で、粟子は粟粒のように小さな支子色《くちなしいろ》の卵の粒のことをいいます。粟粒の直径は一・五ミリ内外で、魚卵の粒もその前後です。

魚卵には粘着性がなく浮く性質のものと、粘着質をもった沈む性質のものがあり、前者は卵膜が薄く、タイ、ヒラメ、コチの卵のように、産み出されると、一粒ずつバラバラに海中に浮いています。後者は卵膜も厚く、ニシンの卵のように沈んで海藻などに付着します。カズノコは、嚙むとプチンプチンと炸裂音を発し、その音の響きがおいしいのですが、これは稀なほうで、通常卵膜の硬い魚卵は口に入れると、ザラザラしておいしくありません。

産卵期は、魚種によって決まっています。

日本は北半球の温帯にあり、ほとんどの魚は温帯性で、弱い幼魚が生長するために適した水温に上昇する前、春から初夏にかけて産卵するものが多くなります。ですから、産卵二、三カ月前が魚体は充実しておいしく、冬に旬をむかえる魚が多いわけです。

寒帯性の魚は、秋の末から冬、早春にかけて産卵し、サケ、マスは秋から冬に、タラや北方系のカレイ類は冬、ニシンは早春に産卵します。また熱帯性の魚であるキス、イサキは夏が産卵期です。産卵期になると浅場にくる習性がありますから、大量にとれるわけがうなずかれます。もっとも、この時期の魚は栄養を魚卵にとられ、おいしいものではありません。

春から夏にかけて道東を回遊するサケをシロザケといい、定置網でとります。シロザケは、カムチャツカ方面を母川とするサケで、別名トキザケ（トキシラズ）といいます。日本のサケは秋口から漁になるわけですが、回遊途中のトキシラズは、〝時を間違えた〟という意味からきた言葉です。産卵期より前で脂肪をたっぷり貯え、サケとは思えないほど充実して、市場でも高い評価が与えられています。卵は未熟卵で水分は少なく、特有の臭みもありません。卵膜が非常に薄いため、卵の一つ一つが密着し、バラバラにすることはできません。北洋のマス同様、卵巣のまま塩蔵され、深い茜色《あかねいろ》に仕上げられ、一部の食通の間では珍重されてきました。昔からスジコというとこの製品を指していましたが、塩辛く最近は人気がないようですし、店頭で見かけるものは昔のものとはまるっきり違い、水っぽくて感心できません。父は大好物で、よく市場で自分用に買ってきていましたし、私も飽くことを知らず、何杯も御飯をお替わりしたことを思い出しますが、当時は非常に高価なものでした。

秋に産卵するため、河川を遡上するのがアキアジです。これが新巻《あらまき》ザケですが、川の水を飲んだサケと飲まないサケでは全く肉質が違います。アキアジは、産卵前の日数と川への接近の仕方によって、市場でははっきり区別されています。銀毛とは、字の通り鱗が光って良質な産卵三十日以上前のものをいいます。Aブナ（産卵十五日〜三十日前の河口付近でとれたもの）、Bブナ（川を登り始めたもの）になると価値はぐっと下落します。理由は、川の水を飲むとブナの木のように褐色の斑色になって艶を失い、味もどんどん落ちていくからです。塩蔵した場所もきちんと明記され、㊥とは船上で塩蔵されたもの、㊎とは陸あげ後の塩蔵品です。㊌と印があれば釣りもので、定置網のものと区別されていますし、㊕が二ツも三ツもついている場合は雄がほとんどです。とり方や処理の仕方、特に卵をもつことが、いかに肉質を低下させるかという証明です。

魚卵は銀毛の頃になるとふくらみを増し、鶏卵の黄身のようなネットリとした状態になって明るい浅緋色《うすあけいろ》を呈してきます。七十度くらいの湯のなかにサッと入れると、卵膜が白く縮まります。そしてすぐ氷水のなかに入れ、卵膜を取り除くと一粒ずつばらばらになります。これがイクラです。同じ銀毛の卵巣でも、岸から遠いほど、粘度は強く、脂質に富んだ風味があるわけです。ブナになった完熟卵は、卵の表皮が硬く、産卵寸前ではピンポン玉のようで、口にふくんでも容易につぶれず、水っぽくて食べられた代物《しろもの》ではありません。

魚卵の最もおいしい時期は、産卵一カ月前くらいであるというのが私の持論です。

魚卵のおいしいものは魚体の小さいものに見られますが、私が最上位に位置づけるものにハゼの卵があります。ハゼは春に生まれ、夏になると五〜一〇センチくらいになり、「デキハゼ」とよばれ、釣魚の仲間入りをします。秋には「彼岸ハゼ」となり、毎年このシーズンになると東京湾の風物詩として、すき間もないほど釣り糸を垂れる人たちの光景がニュースに登場します。さらに寒くなると、どんどん深場に移動し、餌の食いも悪くなり、うるさい釣り師の世界に入ってきます。真冬のこの時期が「落ちハゼ（ケタハゼ）」で、体長も一五〜二〇センチくらいになり、脂も乗っていっそうおいしい季節です。

老成して泥地にもぐって、口のまわりが黒くなった産卵の準備に入ったものが、「オハグロハゼ」です。雄は海底の砂泥地に直径三、四センチのY字形の穴を掘り、この入口が二つある穴の奥で雌は蜂の子のような形をした山吹色《やまぶきいろ》の卵を一対産み付けます。ハゼの卵はそのまま食べても、煮たり揚げたりしても、それほどおいしいものではありませんが、手の加え方によっては素敵な風味が醸し出されます。ハゼ子はボラ子より、比べようもないほど小さく、カラスミより細かい注意が必要ですが、その苦労して作った以上の珍味ができあがるに違いありません。

通常、山吹色に仕上がるハゼ子のなかに、目の醒めるような杏色《あんずいろ》に出来るものがあります。カラスミとは趣を異にする官能的で舞うような余韻がいつまでも鼻腔をくすぐることでしょう。

貝柱の王様タイラギの縮緬《ちりめん》の風味

「玉珧」と書いてタイラギと読みます。すし種のタイラガイの正式な名前で、市場ではタイラといえば通用します。何年か前、瀬戸内海、伊勢湾で潜水服に身をつつみ漁をしていた人が、サメに襲われるという凄惨な事件が起こりましたが、とっていたのがこの貝です。

内湾の水深一〇〜二〇メートルぐらいの砂泥のなかに、扇のような形をした三角形の先の細い先端を突き刺しているような格好で立っていますが、実際は突き刺さっているわけではなく、先端から非常に強靭な細い足糸を出し、砂泥のなかにある砂礫《されき》や小石に張りついているのです。この足糸は、表面を黒い皮膜のようなものでおおわれていますが、指でこそぎ取ると、個体差はありますが、数十、数百というナイロンのような細い繊維の束となっています。

淡褐色の二枚貝で、大きくなるにつれ濃紫色を呈し、黒漆《くろうるし》を塗ったような光沢があり、三〇センチほどになります。貝を開くと、やや中央に大きなふっくらした、きめ細かい乙女の肌を想わせるような楕円形の貝柱があります。大きさは五センチほどで、黄金分割されたような形状の柱です。これより大き過ぎると柱の繊維が粗く、小さ過ぎても本来の味はありません。旬は十二月〜三月頃までです。

貝柱の王様と言ってもよいでしょう。貝類は鮮度を保持するために貝付きのまま輸送されます。タイラ貝のように大きな貝を運ぶということはコストも高くつきますが、そうしないと、持ち味が失われてしまうわけです。

産地で貝をはずして柱だけ入荷するものもありますが、鮮度は雲泥の差で、当然相場も安くなっています。

「玉珧」の玉は、玉のようにすばらしいという形容詞であり、「珧」は「ヨウ」と読みますが、兆の形が、ちょうどタイラギの貝を二つに分けた形になるところからつけられたように思えるのです。

「珧」とは、タイラギの殻で飾った弓や耳輪、馬具の真珠光沢のある装飾品の意味です。

貝の裏側の柱、腸、ひもの付着している部分の色彩は特に美しいもので、紫、青、緑といった色合いを基調とし、見る角度によっては虹色の光彩さえ放つさまは、アワビ、夜光貝の貝殻から真珠光沢を放つ部分を切り取って、漆器などに装飾した螺鈿《らでん》を想わせるような、何ともいえない美しいものです。

国産の入荷は少なく、現在は朝鮮半島からの入荷が多く、しかも天然と養殖がありますが、養殖は肉質がぶよぶよして、まるで熟した果実を口にふくんだような触感で不快な印象を与え、タイラギを主張する資格はありません。

国産では備中《びっちゅう》倉敷辺りのものが特に風味豊かで、市場にわずかですが入荷します。伊勢ものはやや薄黒く、透明感に欠け、一段調子が落ちるように私には感じられます。

それにしても昭和三十七年頃までは東京湾富津《ふっつ》で山のようにとれたものですが、現在はまったく見られません。

養殖のホタテガイ（帆立貝）が出回り、最近の若い人は、タイラギを見てもホタテガイと錯覚しているようですが、味わいはまるっきり違います。

味覚には、上品な味と調子の低い味があるように、ほのかな甘味のなかに、ひかえめな深い奥行のある香りをもつものと、強い甘味だけが表に出て、後味に残る香りの少ないものとがあり、そこに食の価値が存在するわけです。若い人も同時に食べ比べてみれば納得することで、前者はタイラギで、後者はホタテガイです。

ホタテガイは一年中供給され、廉価で便利ですが、同じホタテガイでも天然と養殖では柱の繊維の緻密さや歯ざわりも違い、気をつけて味わうと、風味にもはっきりとした差があることに気づくはずです。

タイラギは柱を賞味し、その他の部分は食べません。ひもを塩辛のようにしたものを食べたこともありますが、単調で感動はまったくありませんでした。肝の部分は何度も生で食べてみましたが、その度に刺すようなえぐ味が口に広がり、舌が麻痺して、二、三十分は何を食べても味がわからなくなるほど、まずいものです。

貝はなんでも焼いて食べると違った風味が感じられておいしいものですが、火を通すからといって、鮮度の低下したものでは決しておいしくありません。実際、弱っている貝を焼くとポタポタと水分が滴り落ち、その水分と一緒に旨味のエキスも出てしまうのです。

鮮度の良いものは火をあてると、表面が熱いためにギュッと縮みます。ですから、旨味は内部に温存されるわけです。歯ざわりもサクサクしますが、弱ったものは歯切れも悪く嚙み切りにくくなります。火を通すにしても鮮度が高くないとおいしさは期待できません。

タイラギに包丁を入れると、切り口の表面が縮緬《ちりめん》のしぼのような細かい皺《しわ》になります。その皺が細かく多いほど、ザラザラッとした舌ざわりが感じられますが、それがタイラギの生きている証です。口にふくむとサクサクした歯ざわりと淡い潮の甘味、その奥に消え入りそうな心地よい渋味、それがタイラギ特有の風味となって舌を満足させてくれるのです。

醬油を一はけ塗り、サッと焙って握ったすしもおいしく、白絞油で軽く揚げたフライにいたっては、ホタテガイとは比べようもない数段高い味調が感じられ、誰でも礼讃するに違いありません。

タイラギのフライは言うまでもないことですが、小柱、アオリイカ、ハマグリのフライも同様、ソースをかけては真味が湧いてこないでしょう。鮮度の高い貝はそれ自体に塩味をふくんでいます。なにもつけずに食べたほうが、そのものより豊かな香りが伝わってくるのです。

魚は本音も言うが嘘もつく

人間の目から見ると、魚は魚以外の何物にも見えませんし、感情とか性格といったものを持ち合わせていないと思うのは当たり前の話ですが、人間が人間を見ると話は別で、話し方、人相風体、特に目つきなどで相手がどんな人間か、どんな育ち方をしたか、推測できるものです。

しかし、何十年も毎日毎日魚を見続けていると、たいへん面白いもので、魚のほうから何かを語りかけてくるようになり、魚の言葉がわかるような気になってくるのです。

もっとも、言葉といっても、はっきりしたものではなく、ひそひそとささやきかけてくるような声であったり、苦痛と快楽が入り混じった、なにか呻《うめ》き声を立てているような声であったりして、文章に表わせる音ではありません。

しかし、この言葉がわかるようになると、実は魚にも人間社会と同じように、〝魚の履歴書〟なるものがあり、どのような性格や感情をしているのかさえも理解できるようになるのです。

私の経験から言うと、魚は人間よりはるかに素直で嘘をつかないように思えます。嘘をつかない魚にタイがあります。容姿を見れば的確に、どこで生まれ育ったか判断することもできますし、実際、市場でタイを商う仲買人は、この判別ができなければ相場をはるわけにはいきません。

人間は男女の別がすぐわかります。タイも同じで、顔つきを見れば判断でき、優しい顔つきは雌で、鋭い顔をしていれば雄です。雌は身につけている衣装も紅が鮮やかです。もっとも、この紅ももち肌の少女の頃から番茶も出花の年頃を過ぎ、お肌の曲がり角の頃までの話であって、三十路《みそじ》を過ぎ、肌の色艶も翳《かげ》りを見せはじめるようになってくると、雌か雄か判別しかねる様相になりかねない場合もあります。ですから、タイは二歳魚から四歳魚くらいまでが、むっちりした肉置《ししお》きで、手を触れると滑らかでしっとりと吸いつくように感じられるのです。同じ年頃の雌でも、人間と同じように容姿端麗なものから、オコゼ（鰧）を連想させるような面構えのものまでいるわけで、三代目金馬の『居酒屋』の噺ではありませんが、「酒はカン、さかなはきどり、酌は髱《たぼ》（日本髪で後ろに張り出した部分、転じて若い婦人の俗称）、五本白魚を並べたような奇麗なまっ白な指で……いかが」などと言われると、酒も進むというもの。居酒屋の小僧さんのグローブのような手では、おいしいわけがありません。魚に限らず動物は、産卵後は別として、雌は雄よりおいしいものです。牛にしても処女の雌が一等で、次が去勢したもの、雄はまずく、味わいははっきり違います。

なかには顔つきなど度外視しても、醜女《しこめ》の深情けではありませんが、ドキッとするような腰ぶりの、要するに尾の付け根のあたりがまるまると張りだしたものもいて、ちょっと手を出してみたい気にもなってくるのです。

同じ容姿端麗でも、深窓に育ったか少々ぐれて育ったかははっきりしていて、眼つき物腰が違います。深窓の令嬢は口数少なく、おっとりした眼差し、うつむきかげんの面差しをして、和服の似合うような風情があります。これには餌の豊富な根付きのタイが当てはまります。

御俠《おきやん》な娘はギラッとした鋭い眼であちこちを睨んでいるようで、口数も多く、和服より祭り半纏《はんてん》でも着せたほうが似合ういでたちをしています。外洋のタイがこれにあてはまり、味わいにも少々粗っぽさが目立ち、恥じらいをふくんだような上品な色香はありません。

香り袋を袂《たもと》に忍ばせたような令嬢にしろ、あぶれ娘にしろ、男の関心が集まるのは三十路（四歳魚）くらいまでであって、それからはひとり身であれば、男の苦労の一つや二つはしたであろうし、亭主もちならそれなりに人生の苦労があって愚痴っているものもいるようで、最近は体調が悪くてなど言いだす始末。体はゴッゴツしだし、腹を開いて内臓を見ると、胃腸も肝臓も艶は失せ、すっかり衰えていて、どこが悪いかすぐわかるのです。

実際、成長過程のものは弾力があり瑞々《みずみず》しく、透明感さえもっていますが、適齢を過ぎてくると張りも失せ、色も鈍く濁ってきて、力強さをまったく感じさせなくなるのです。しみなど出た肌になり、若い頃のようなタイの薄桃色のプリズムのような光彩はなくなってしまうのです。こうなると断末魔の悲鳴を聞いているようで、風味はなくなりおいしいわけはありません。

魚の言葉さえわかれば、以上のことは手に取るように理解できるのです。

私もたまに誤魔化されますが、嘘をつく魚がいることがあります。

頭を落として腹を開き、内臓を抜いた途端、独特の臭気がプーンと鼻につくことがあります。臭気といっても腐っているといった臭いではありません。何千本も魚を下ろしていると、いつものようではない感覚に、「あっ！　違う」と叫んでしまうわけで、急いで節《ふし》にして一切れ口にふくんでみると、内臓から出る臭気と同じような臭いがあり、私の好きな臭いではありません。ペッと吐き出し、「やられた」と後悔することがたまにあります。何百回後悔させられたかもしれません。

精悍《せいかん》な容姿、砲弾のようにずっしりした肉体、それでも口にふくむまで決して信用できない魚はカツオです。

私はよく魚の個体差という言葉を使いますが、カツオの味わいほどその個体差が激しい魚は他に例を見ることはありません。同じ群れであり、同時に釣り上げられたにもかかわらず、どうしてこれほど違うのか不思議でなりません。

カツオは干して保存食にし、木のように堅くなるので「堅魚」、この二字から「鰹」と書くようになりました。

「鎌倉の海に鰹と云ふ魚は、かの境ひにはさうなきものにて、この比《ごろ》もてなすものなり。それも、鎌倉の年寄りの申し侍《はべ》りしは、「この魚、己《おのれ》ら若かりし世までは、はかばかしき人の前へ出《い》づる事侍らざりき。頭は下部《しもべ》も食はず、切りて捨て侍りしものなり」と申しき。かやうの物も、世の末になれば、上《かみ》ざままでも入りたつわざにこそ侍れ」

これは兼好が関東へ下向したとき見聞し、珍しいこととして記した『徒然草』第百十九段の文章ですが、鎌倉ではカツオを生で食べていることへの驚きを述べた文章であり、法師の尚古趣味からくる批判です。もっとも、頭は他の魚と違い、当時だけでなく、今でも食味に耐えうる部分ではありません。

ちなみに、当時の鰹節はカツオを乾燥しただけのもので、出し汁用に使用したものではありません。現在のような黴付《かびつけ》法が発見されたのは、延宝年間（一六七四〜一六八一）、紀州の人甚太郎が考案したことになっています。この鰹節の製法は、生肉を四ツ割して節にし、十分煮て、楢《なら》や樫《かし》の薪《たきぎ》を燃やし、燻じて、水分を取り除き、天日で乾燥させせます。乾燥の途中で箱にしまっておくと表面に青黴が生じます。この黴を落として再び乾燥することを「一番黴」、「二番黴」といい、「五番黴」くらいのところで青黴は発生しなくなり、白黴となります。この青黴は作用として水分を徐々に取り除き、余分な脂肪を分解して微生物の発生を防ぎ、カツオ節特有の香気をつけさせる、コウジカビに属する種類です。

このような製法で、しかも天日で乾しあげられた鰹節もここ三十年ほどは見られなくなり、今では機械化され、朝、まだ目の醒めやらぬ寝床で聞いた「シューッ、シューッ」という鰹節を削る音も、漂う香りも、記憶のなかだけのものになってしまいました。

カツオは、回遊魚で我が国沿岸を北上する季節を運ぶ魚です。

フィリピン諸島を旅立ったカツオは、黒潮に乗り、九州南端に来ます。九州西部を通過して北上するものもありますが、ほとんどは日本海の低い塩分濃度を嫌って日本海にはあまり入りません。

さらに四国、紀州、房総から三陸沖へ向かうものと、ミクロネシアから小笠原諸島、伊豆七島、房総へ来て、三陸方面へ向かう二つの集団があり、秋になってUターンし、再び南洋の海へ帰るまで、実に、二五〇〇キロの大旅行をするのです。

高速で泳ぐ魚の代表格であり、体形も魚雷のような紡錘形で背鰭《せびれ》や尻鰭は小さく、逆に胸鰭、尾鰭が大きく、キックを利かして速く泳ぐことができるようになっています。

体温も水温より五、六度高く、敏捷で血液の循環もよく、血合肉《ちあいにく》が発達し、酸素供給に役立っています。カツオを下ろした人ならわかりますが、鱗は退化し、背側にわずかに残るだけで、水の抵抗をさらに少なくしているのがうかがえます。

カツオは我が国沿岸にくると、好餌であるイワシを食べ続け、紀州を過ぎ、房総にくる頃になると脂肪を蓄えておいしくなります。

鰹節は、脂肪が乗ると酸化しやすくなりますから、土佐を通過する頃が適しており、土佐の名産になっています。土佐十二代藩主、山内豊資《とよすけ》が名を与えたとされる〝酒盗〟も、この脂肪のない時期のものに素敵な味が醸されるのです。また膵臓のランゲルハンス氏島からは、糖尿病の特効薬であるインシュリンを製造します。

カツオに限らず、日本近海にくると、ぐんと味がよくなるのは食物連鎖にあると考えられます。その理由は、植物性プランクトンに起因するからです。それを動物性プランクトンが食べ、質の高い動物性プランクトンをイワシ、サンマ、イカ類が食べ、さらにそれらを射程距離においているカツオ、カジキ、マグロ類が食べるわけですから、日本近海にくると味神が宿るのもうなずけるわけです。昔から「どこそこの何々」といわれている名産地の特産とは、好餌とする餌の豊富な地域であるということが理解できるのです。

昨今は海の環境が変えられて、姿が見られなくなった魚介もたくさんあり、心寂しい限りです。

カツオは常に群れをなして回遊し、物に付く習性が強く、流木やカジキ類から身を守るために植物性プランクトンを食べるジンベイザメやイワシクジラなどと共に行動するものが多く、〝木つき〟、〝サメつき〟、〝クジラつき〟などとよばれ、隊形整然と行動しています。

中・大型魚が餌となる小魚の群れを追い詰め、ひと塊にすることを餌床《えさどこ》といいますが、カツオは餌床作りの名人です。餌のカタクチイワシは、身を守るために大群で回遊しています。この大群を発見するや否や、一列横隊を組んで追跡し、両端にいる指導的役割を果たすカツオの合図で、イワシの群れを一瞬に包囲し、徐々にその輪を狭めていきます。限界まで輪を縮めると、一斉に真下から攻撃し、瞬《また》くまに飲みつくしてしまいます。

餌床作りを空中で見守っているミズナギドリの群れは、このとき海面に盛りあがったイワシの群れを空から襲います。これが〝鳥山《とりやま》〟といわれ、漁師がカツオの群れを見つける目安となるのです。カツオは腹に数本の暗紫色の縞が見られますが、これは横になっていますが、魚にとっては縦縞で、泳いでいるときはほとんど見られません。これはデスマスクであり、ものすごい恐怖を感じたときだけ現われる縞です。また尻鰭の上部に横縞が短く二、三本出ることがありますが、これは餌を見つけたときに現われる食欲縞です。餌床を攻撃するカツオのなかにも、要領の良し悪しがあり、良いものは満腹になり、悪いものは餌にありつけずひもじいものもいるわけで、魚のなかにも生きるための競争があり、人間社会にも似たものがあって、個体差も、これに尽きるのではないかと思えてなりません。

カツオの調味料は、今では下ろし生姜醤油が一般的ですが、江戸時代は芥子《からし》酢か芥子味噌でした。遠島に流された英一蝶《はなぶさいっちょう》は、江戸よりも漁期が早いカツオを前にして、「初鰹　芥子がなくて涙かな」と嘆いたと言われていますが、カツオに芥子はなくてはならぬものでした。実際、私も春先の小ざっぱりした味わいのカツオには、涙の出るくらい辛い芥子を醤油に溶かして食べるのが大好きで、初ガツオと芥子は〝出会い〟という言葉がピッタリあてはまります。ちなみに真っ赤なマグロの中落ちも、わさびよりはるかに芥子のほうが素敵に調和するものです。

木を削ると大鋸屑《おがくず》が出ます。大鋸屑の香りは木によって千差万別です。一般に、日本の檜、杉、檜葉《ひば》などの針葉樹は、松を除き快い香りがします。広葉樹には、一種嫌悪すべき臭気がするもので、水に強い木肌の赤い木は酸気が多く、不快な饐《す》えた臭いが鼻をつくのです。

特に洋材である台湾の赤樫の大鋸屑の臭いこそ、私を裏切ったカツオたちの臭いにほかなりません。

どんなに姿形がすばらしくても、嘘をつく正体は、まぎれもなくこの赤樫の臭気である、と私の感性では断言することができるのです。

日本酒をおいしく呑む肴

日本酒のことを一般に「さけ」ともいい、日本独特のアルコール飲料です。アルコール飲料製造の起源は『日本書紀』（七二〇年）によると、コノハナノサクヤヒメが、イネを利用して「天甜酒《あまのたむさけ》」を醸したと書いてあり、『古事記』（七一二年）には四世紀終わりの応神天皇の代に百済《くだら》から渡来した酒造りの名人、須々許理《すすこり》が麴《こうじ》を使った酒造りを伝えたとされていますが、これが造酒の起源となっているようです。しかし、これには異論もあります。というのは、稲作が中国、朝鮮より伝わったのは二千三百年前といわれ、同時に酒造りも伝わったか、あるいは自然発生的に生まれたというのは当然の考え方です。世界の酒の起源を見ても、自然発生的というのが妥当だと私には思われます。『古事記』の出雲神話に「やまたのおろち」の伝説があるのはよく知られているところです。

素戔嗚尊《すさのおのみこと》が生贄《いけにえ》になる娘を助けるために、八つの甕《かめ》に酒を用意させ、酩酊した大蛇《おろち》を退治するという話がありますし、中国で二五〇年頃書かれた史書『魏志倭人伝』にも、日本人がよく酒を呑む記述があり、「歌舞飲酒」「父子男女無別人性嗜酒」と書かれているのを見ても、さらに以前から酒があったのは間違いありません。

日本酒の麹は蒸した米に麹黴《こうじかび》（黄麹黴）を生やし、酵素の働きで造り、二日でき上がるのが特徴です。

中国や朝鮮の麹は、多種の黴が混ざっています。生の小麦粉を水でこねた塊に生じた、主にリゾープスカビ（クモノスカビ）を生やした麹を使用します。リゾープスカビは黴臭が強く、フマール酸やリンゴ酸を作りますが、熟成に一カ月近くかかります。そのために、日本酒の貯蔵期間が一年であるのに対し、中国式は五年以上貯蔵されるものもあります。ですから、中国の古酒には独特の黴の臭いがありますが、これもなれると、なかなかのもので、中国料理との相性は抜群です。

以上のように酒造りの起源が中国伝来のものか、日本独創のものかは、はっきりしていません。『延喜式』に「造酒司《みきのつかさ》」なる役所があり、酒を造ったと書かれています。また鎌倉時代には沽酒《こしゅ》の禁が出され、酒の売買を禁止していますが、製法などの記録はありません。室町時代になると、酒に関する記録がかなり残っており、今のような酛《もと》造りという日本独特の技法が完成されています。『播磨国風土記』、『延喜式』には清酒《すみざけ》、濁《にごり》酒《ざけ》という字が見られますが、古代の酒はみな濁酒で、今のように透明になったのはいつ頃か定かではありませんが、十六世紀末、偶然、もろみに灰を入れると濁酒が上澄し、透明になることが発見されました。

清酒醸造発祥は大和とされており、江戸時代に入って池田、伊丹《いたみ》（摂津）の地に移り、天保十一年（一八四〇）、山邑《やまむら》太郎左衛門によって灘《なだ》に移り、〝灘の酒〟として今に伝わっています。

灘酒の発展は宮水《みやみず》の発見です。太郎左衛門は夙川《しゅくがわ》東の西宮と、住吉川東の魚崎で酒を造っていましたが、どうしても西宮の酒が勝っていることに疑問を抱き、試行錯誤の結果、理由は西宮の水であることに気づき、それ以降、宮水として世に知れ渡るようになりました。宮水地帯は、海岸近くの一キロ四方の浅井戸の水で、カリウム、ナトリウム、リン酸、カルシウムを平均にふくんだ硬水です。特にカリウム、リン酸は酵母、黴の生長に不可欠です。しかも酒造り最大の敵である鉄分、銅などが非常に少ないことがあげられます。昨今は水を科学的に処理できますが、昔は、酒の腐敗を防ぐために硬水が珍重されましたし、私も多くの種類を呑んできて感じることは、硬水で醸された酒質は、重み、こくが感じられるのです。ですから、軟水の酒のほうがさっぱりと淡麗な味わいに感じられる場合が多くなるわけです。

甘口、辛口は日本酒度浮秤計で測ることができます。マイナスの数字が多いものほど甘口（水を零としてそれより比重が重い場合は浮秤が零より上になるため、マイナス符号。軽い場合は零より下になるため、プラス符号）、要するに糖分が多いということになります。

もっとも、糖度はたった二〜三・四パーセントくらいしかありませんが、その微差を私たちは的確に感じることができるのです。

日本酒の味には辛・酸・甘・苦のほかに、香り、のどごしがあります。

酒の味を決める成分は、アミノ酸、有機酸塩、高級アルコール、エステル類があります。

この成分の配合で日本酒の味が決定されると言っても過言ではないでしょう。

辛味はアルコール類、酸味は乳酸、コハク酸、クエン酸、甘味はグリシン、アラニン、ブドウ糖、苦味は酒石酸、リンゴ酸、香りはアルコール、酢酸エチル、カプロン酸エチルなどに負うところが多く、その全体の調和がのどごしとなるわけです。

しかも温度差によって感じ方も違ってきます。一般的に甘口の酒は冷やが飲みよいと言われます。甘味は温度の上昇にともない鋭敏に感じられますから、燗をすると酸味がぼけ、やたらしつっこく感じてしまうためです。

反対に、辛口の酒の酸味や苦みは低温ほど強く感じるために、軽く燗をしたほうがやわらげられ、呑みやすくなるわけです。もっとも、これは一般論で、人それぞれ好きなように呑めばよいことです。

酒に肴はつきものです。料理とワインの相性と同じように、酒も肴によって淡麗なもの、こくのあるものと選び分けると、両方がおのおの引き立ってくるのは当然です。

たとえば、大トロを肴に酒を呑んでも不釣合いなのは、誰でも承知しています。ステーキで一杯などというのは論外ですし、私にはウナギの蒲焼で日本酒というのも最近では疲れてしまいます。要するに、日本酒は脂質の強い濃厚な料理との対話はできません。白ワインもこのように脂肪を包むことができない飲みものです。私は「亀の尾」という品種で醸された吟醸酒を店で出していますが、こういった香り高い酒の肴には頭を悩まします。

新鮮な白ウニとよばれるムラサキウニが小鉢に盛られて出てくると、私は淡麗で水のようなのどごしのサラッとした少し辛口の酒が欲しくなります。しかもちょっと冷やしたほうが、両方が引き立ちます。ウニのほのかな香りと混ざりけのない均整のとれた甘みが、こういった酒には合うように感じられるのです。赤ウニとよばれるバフンウニは香りが強く苦味もありますから、同じ酒だと少し違和感があるかもしれませんし、塩蔵した練りウニですと淡麗な酒が負ける場合があります。ですから、練りウニのときは少しこくのある酒を燗して飲んだほうが釣り合いがとれます。

淡麗で少し辛口（プラス二度くらいまで）の酒には白身のさしみ、フグ、ヒラメ、カレイ、コチ、オコゼなど、あるいは柳ガレイを焼いたり貝の干物も素敵です。さらにイカ、タコ、アワビの水貝、ミルガイやタイラガイの塩焼といったすっきりした肴がピッタリです。

さしみでも、カツオ、シマアジ、サバ、マカジキ、アナゴといった少々力のある風味のものは、少しこくのある甘口（マイナス二度）を人肌で呑むと、肴も引き立つでしょう。貝類なら少々くせ味のあるアカガイ、ホッキガイなどもよく、焼物でもシラカワ（シロアマダイ）、イボダイ、鯛の兜や煮肴でも軽い脂をふくむものが適しています。

酸味の強いマグロ、イワシ、サバ、ブリといった場合は、ワインでいうフルボディのようなしっかりした酒を燗にしたほうが良い出会いです。

コノワタ、カラスミのような香り立つ珍味類や、カツオ、タイの酒盗、鮒ずし、クサヤなども腰のすわった酒の香りと珍味類の風味が混然一体となるはずです。古酒にもふさわしい肴です。

〝魚の生命は香り〟であるとともに、酒の生命も香りの優雅さであることは言うまでもありません。

魚に香るワイン礼讃

「チーズはワインをおいしくする拍車」とフランス人はよく言います。チーズにはいろいろなタイプのものがあり、どのタイプのものもそれぞれおいしいのですが、そのなかでも私はロックフォールやゴルゴンゾーラのような老熟タイプのチーズが大好きです。これらのチーズに日本人は抵抗を感じる人が多いようですが、鮒ずしにしても同じ日本人でこれほど好き嫌いの激しいものはなく、味覚の幅というものは個人個人の領域です。

ロックフォールはどの上質なワインにも合うと言われます（私には必ずしもそうとは思われませんし、実際には上質なワインの味を損ねることのほうが多いように感じられてしまうのです）。

地元の人は、ロックフォール村東部のローヌ川沿いのシャトーヌフ・デュ・パープや、西部のカオールとの取り合わせが最高だと言いますし、ローマ法皇庁のあったアヴィニヨンで、十四世紀の法皇がロックフォールとこれらのワインを愛飲していたと伝えられています。

ロックフォール村は、リオン湾に面した古代ローマ遺跡のあるモンペリエから北西八〇キロほど入った山岳地帯にあります。ROQUE《ロック》 FORT《フォール》は岩と城塞を意味します。数千年前、火山の大噴火で自然の狭い洞窟が無数にできました。この地方は雨量も多く、湿った冷たい風が一年中洞窟内に吹きこみ、青黴《あおかび》が生える好条件を満たした天然の貯蔵庫となっています。ロックフォールのすばらしさは、多くをこの貯蔵庫が担っているのです。

手作りのロックフォールは、村の近隣にいるラコーヌ種とよばれる乳羊の乳に青黴を植えつけ熟成させたものです。青黴も手作りに優るものはありません。厳選されたセーブル種の小麦からパンを作り、真っ黒になるまで焼き、青黴を植えつけます。洞窟のなかに二カ月ほど繁殖させ、これからペニシリアム・ロックフォールティ（青黴）を作り、凝乳にふりかけ、洞窟のなかで熟成させるのです。

一般的に使われる青黴は、手作りでなく研究で培養されたものです。

恐ろしいまでの時間と労力をかけ、気の遠くなるような年月を連綿と伝承することが食文化本来の姿であり、そういったことに黙々と従事する人は、いつの時代でもわずかにいるということに感動させられるのです。そしてその微妙な違いをはっきりと認識する数少ない支持者がいることにほかなりません。またあるいは、作り手がこうあるべきだという信念を頑なに持っているからでしょう。青黴は手作りと培養したものでは風味が違ってくるわけです。

チーズとワインの相性は、その地方地方で作られたもの同士の組み合わせが最適であると昔から言われていますが、それは長い歴史のなかで自然に培われてきたことの証明でもあります。日本料理と日本酒の組み合わせのように、食べ物と酒との相性の合う例は、世界中にたくさんあるのは周知のことです。

ワインとチーズの相性がよいといっても、無定見に何にでも合うというものではありません。そこには確かな根拠があるわけです。

ワインの特徴はまず酸味にあります。これは有機酸の味です。

ブドウは、リンゴ酸、酒石酸をふくみます。酵母によるアルコール発酵で、糖分はエチルアルコールと炭酸ガスに変化し、乳酸、コハク酸が生成されます。アルコール発酵後のこのワインを樽に入れておくと、乳酸菌の働きでリンゴ酸が分解され、乳酸と炭酸ガスに変化します。当然、炭酸ガスとなった分だけ酸味は減り、味はまるくなります。これをマロ・ラクティック発酵といいます。この発酵には三つの場合があります。発酵を全くしないものに、フランケン（ドイツの辛口白ワイン）、ムスカデ・シュル・リー（ロワール地方の軽い musqué〈麝香〉の香り漂う極辛の白ワイン。シュル・リーとは発酵終了後、澱《おり》びきしないでそのまま瓶詰めにして寝かすこと）などがこれにあたり、七、八度に冷やすとおいしい冷旨酸系統のワインです。理由はマロ・ラクティック発酵を行なわないためにリンゴ酸を多くふくんでいます。リンゴ酸は冷やすと、さっぱりした酸味が感じられる物質です。

半分ほど発酵させた中間系統のワインにシャブリ（シャルドネ種を使用した緑がかった黄色で、火打ち石の煙のような香りが特徴）、タヴェル（クレレット、グルナッシュなどの品種を使用した辛口ロゼで、太陽に焼かれた焼煉瓦の風味）などがあります。

リンゴ酸と乳酸をふくんでいるため、十一度～十二度くらいがおいしく感じられます。乳酸は暖めると、やわらかなかどのとれた酸味になるからです。

ほぼ発酵を終えたワインにボルドーの赤、ブルゴーニュの赤、リオハの赤（スペイン第一級の銘醸地でガルナッチャ・ローハの品種を使用した、グリセリン、アルコールに富んだ酸味の少ないなめらかな味）、個性的な力強い味わいのシャトーヌフ・デュ・パープがあります。発酵によりリンゴ酸は乳酸に変化し、グルコン酸、コハク酸をふくみ、赤ワイン特有のタンニンが十分ワインに滲み出ています。赤ワインには、白い果汁で黒皮のブドウ、あるいは果汁にも色のついた果皮の黒い品種が使用されます。赤ワインのもつ色と渋味は、この果皮や、種子のなかにふくまれている色素とタンニンによるわけです。

タンニンはブドウなど植物界に存在し、水に溶けて渋味や収斂味を感じさせる物質です。

長い熟成を必要とする上質な赤ワインを作るには、破砕作業を行なう前に房から実をばらばらにして花梗《かこう》を取り除く作業をします。

このように手間をかけたワインは、花梗や茎の余分な味がつかない一段と調子の高い繊細な味わいに生長してゆくのです。果皮や種子の混ざったブドウ液を発酵させるために大きな桶に入れます。発酵のもととなる酵母はブドウの果皮に付着しています。当然ブドウの種類、その育った環境によって酵母も異なるため、さまざまな特徴をもって醸されてゆくわけです。発酵中は炭酸ガスが発散するために、果皮や種子は当然ブドウ液の表面に浮いてきますが、さらにタンニンを多く溶出させるために、このシャポー（帽子）を液のなかに沈める作業を行ないます。長時間かけて発酵させることでタンニンを多くふくませ、長い貯蔵に耐えうる貴族的なワインを醸しますが、特に当たり年のワインにこの作業が必要となってきます。

発酵終了後の残り滓を絞ってワインを蒸溜したものが、私の大好きなMARC《マール》とよばれるブランデーです。

白ワインは赤ワインと反対に、タンニンからできるだけ遠ざける作業を行なうと思えばよいでしょう。

タンニンは冷やすとザラザラした苦味を感じさせます。ボルドー、ブルゴーニュの名門赤ワインは、室温（十八度）がよいといわれるのはこのためです。室温ですと、タンニンの苦味が反対に非常に心地よい渋味として感じられるからです。

酸味を呈する有機酸の味にはそれぞれ特徴があります。クエン酸はミカンのおだやかで爽快な酸味、酒石酸はブドウのやや渋味のある酸味。リンゴ酸はリンゴの爽快な酸味でかすかに苦く、コハク酸は清酒や貝類の旨味成分で、こくのあるえぐ味（収斂味）。乳酸は渋味のある温和な酸味、酢酸は刺激的な臭気のある酸味。グルコン酸はおだやかで爽快なまるみのあるやわらかい酸味があります。

次にチーズには、若いものから熟成したものまでさまざまな種類があります。モッツァレラ、若いゴーダなどのフレッシュチーズやクリームチーズには新鮮な味わいがあります。カマンベール、中熟ゴーダなど白黴系のものは中間に位置し、ロックフォール、ゴルゴンゾーラ、老熟ゴーダなどの青黴系は老熟した味わいを宿しています。

一般的に生体にふくまれるグリコーゲン（糖質——動物性澱粉といわれる）は生体の死後、乳酸に変化することが知られています。チーズも発酵、熟成をへて各種アミノ酸、乳酸、プロピオン酸、酪酸、酢酸、高級脂肪酸が生成されます（乳酸はチーズの場合、初期の段階では多量に生成されるが微生物の増殖エネルギーに用いられ、最終的にはほとんど消滅する）。要するに、ふくまれる成分はいろいろな要因で変化していきます。

ワインとチーズに限らず、似た成分同士の相性がよいのは味覚の世界の常識です。

若い体質のグリコーゲンを多くふくむチーズは、冷旨酸系辛口白ワインに合います。老熟したチーズは成分の似かよった温旨酸系の赤ワインに合ってくるわけです。特にチーズ熟成中に増大する高級脂肪酸のような脂肪分は、タンニンとの相性がよく、タンニンの渋味が脂肪をマスクし、心地よい味わいを感じさせてくれるのです。

鳥獣でも脂肪の有無が特に問題となります。馬刺や豚のヒレ、鶏肉は冷旨酸系白ワイン、牛ロース、豚ロース、鴨肉などは温旨酸系赤ワインに合っています。

ワインと魚との相性にも同じことが言えます。たとえば運動量の少ないタイ、ヒラメ、カレイ、スズキ、アジ、サヨリ、キスといった白身の魚や小魚は、脂肪が少なくさっぱりした味です。さらにイカ、タコ、カキ、ハマグリなどの軟体動物、鮮度抜群な魚卵やウニの精卵巣、エビ、カニなど甲殻類も脂肪はほとんどなく、生体はグリコーゲン体質です。こういった体質には、味覚官能テストでも冷旨酸系ワインが合うことが立証されています。

反対に激しい運動をするために多量のグリコーゲンを消費する魚類、たとえばマグロ、ブリ、サバのように脂肪の多い魚は乳酸体質です。もっとも魚は季節により脂肪の含有量は変化しますから一概には言えません。

赤ワインの成分は、乳酸、コハク酸、プロピオン酸、脂肪を多くふくむ体質の魚と合ってくるわけです。

魚卵でも同じことが言えます。私は十月下旬になるとカラスミを作りますが、生のボラ子をサッと炊いて白ワインをふくむと素敵な味わいになります。生ウニも同じことが言えます。ところが、十一月下旬にできあがったカラスミと先程と同じ白ワインを口にふくむと、舌がざらついておいしいとは感じません。強い渋味のようなものが湧いてくるように思えるのです。ウニも熟成させた練りウニでは白ワインには合いません。熟成されたことで、カラスミや練りウニはグリコーゲン体質ではなくなっているはずだからです。

素材とワインとの組み合わせは、このようなことを念頭におけば、まず間違いないはずですが、ここに注意しなければならないことが一つあります。それは調味料の選択です。醤油は大豆や小麦を発酵させたものであり、乳酸、コハク酸が多くふくまれています。当然醤油は赤ワインのほうに合います。それも濃口醤油のほうが特に相性がよいようです。大トロやブリ鎌の照焼は乳酸体質の魚と乳酸を多くふくむ醤油との料理です。フルボディの赤ワインにぴったりです。マグロ、ブリ、サバなどは独特な強い香りと酸味をもっています。濃口醤油は適度にその香りをやわらげ、脂肪をタンニンが包んでくれます。素晴らしい交響です。もしここで大トロやブリ鎌を塩焼にしてレモンを絞ると、少しさっぱりしてきます。ですから、この場合は軽いタイプの赤ワインが合うでしょう。

赤ワインに合う香辛料は、にんにく、わさび、芥子、唐辛子、山椒、マスタードなどが適しています。

反対にさっぱりしたグリコーゲン体質の白身魚を焼くときは、照焼よりも塩焼が引き立ち、冷旨酸系のワインに合います。香りをそえるのはレモン、カボス、スダチ、生姜《しょうが》が合ってきます。淡口醤油で作ったポン酢、生姜醤油もよいでしょう。

たとえばカツオは三月になると、土佐に来ます。香味も脂肪もないグリコーゲン体質ですから、生姜醤油も合いますし、「カツオのたたき」のように柑橘類や生姜を使います。当然白ワインに合います。五月になり、相州、房総に来るとカツオ特有の香気を放ち、酸味、脂肪が宿ってきます。そして濃口醤油に芥子を溶いたものが相性がよくなってきます。江戸っ子が「カツオは芥子に限る」と言ったのもわかる気がします。これには軽いタイプの赤が合います。さらに北上し、濃厚な酸味と脂肪を身にまとった乳酸・脂肪体質のカツオには、芥子では足りません。にんにくをそえてこの餅ガツオを食べてみましょう。ボディのしっかりした赤ワインを口にふくむと、もう言葉はいりません。

シャブリとカキの組み合わせはフランスでは有名です。しかし、日本人が日本でシャブリとカキを口にすると、生臭く感じる人がいるはずです。それは当然です。カキの種類もフランスと日本では違っているのです。

シャブリはマロ・ラクティック発酵を半ば行なっているために、乳酸をふくんでいます。この乳酸をふくむせいで、グリコーゲン体質のカキと半ば喧嘩している状態になっているわけです。ですから、シャブリより冷旨酸系の白ワインとの相性がよいわけです。シャブリと合わせたいときは、思い切りレモンを絞ってあげると調味料のおかげで味わいが移行しカキの体質に合ってくるわけです。

素材とワインと調味料の対話を頭に描きながら、素晴らしい食の感動にめぐり逢ってほしいものです。

木下謙次郎の『美味求真』に次のように書かれています。

「味神は必ずしも富豪貴族の庖厨《ほうちゅう》に来らずして、累累愛求と趣味に富みたる質素なる人の食卓に見舞うものとす。一個の南瓜《カボチャ》にも至味存し、一尾の鰯《いわし》にも味神宿る。されば、何物によらず各各其の真味を発揮せしめ、一々其の処を得せしむるを料理という。斯くて、料理は必ずしも物質と黄金に成らずして、知識と趣味を基礎とした愛求と技術に待つものなるを悟れ」

一尾のイワシのなかに宿る味神こそ、私には「魚は香りだ」以外の何ものでもありません。

あとがき

私は、幼い頃から野山や海が大好きでした。草いきれ、土や潮の匂い、そしてそこに蠢《うごめ》く生き物たちに、いつも朧げながら独特の香りを抱いてきたようです。

今でも鮮やかに脳裡に焼きついていることは、三十年ほど前たまたま口にふくんだワインの鮮烈な印象です。口にふくんだその瞬間、私はめくるめくような感覚のなかで、それまで漠然としか感じてこなかった香りという意識が確固とした信念として心のなかに植えつけられました。その運命的な出会いとしか言いようのないワインは、シャトー・シュヴァル・ブラン（一九五九）です。その後もワインから魂を揺さぶられるような感動を何度も与えられるに従い、身の回りにあるさまざまな香りに敏感にならざるをえなくなっていきました。

町なかを歩いていても懐しい匂いに誘われて、はるか時空を超えたむかしに遊んでいる自分を見出すこともしばしばです。

「魚は香りだ」という私の持論も、このように香りを意識し続けた結果にほかなりません。

本書を執筆しながら、私は忘れていた多くのひとつひとつの過去の事象への伸びやかな散歩を、心ゆくまで楽しませてもらいました。

同時に食を摂るということが、空腹を満たすだけの無機的な行為ではなく、はるかに精神性の高い行為にほかならないということも改めて実感した次第です。

人間は心で食を摂ることのできる動物であり、それは我々人間だけの特権です。食歴はその人その人なりの自分史であり、ただ機械のように感動のない食を摂るということは、一生の損失となるに違いありません。

私は食というものを、人間に与えられた神からの最高の贈物として享受したいと思っています。

本書を上梓するにあたり、中央公論新社の方々、とりわけ書籍第二部部長小野地英忠氏に多くのご尽力をいただき、心より感謝申し上げます。

平成十一年一月六日

関谷文吉

「文庫版あとがき」にかえて

関谷秀子

主人はほんとうに魚と、仕事が大好きな人でした。前著の『魚味礼讃』に「『私は魚と心中するのではないか』と、ふと感じることがあります。特に、すしに対する偏愛ぶりは自分でも尋常ではないと思います」などと書いていますが、大げさでも何でもなく、その通りなんです。つねに最高の魚、仕事を追究していました。

クラシック音楽が好きで、若い頃はクラシックギターで身を立てようとちょっとは考えていたようですが、あの人には魚が合っていました。ギターは爪をのばさないと弾けませんよね。だから、すし職人とは両立しない。すし屋になってからは好きなギターも一切弾きませんでした。魚だけを選んだんですね。

お酒も大好きで、本の中でもワインのことを書いていますが、ワインに入れ込んでいました。当時はワインをお飲みになるお客さまも多かったですね。生のお魚とワインというと、あわせるのが難しそうですが、お客さまが美味しく召し上がれるように、主人はいつも組みあわせを考えていました。本人は赤ワインが好きで特に「シャトー・ペトリュス」や「シャトー・シュヴァル・ブラン」が好きでした。高価なワインですが、フランスに出かけるお客さまにお願いして買ってきてもらったりして愉しんでいましたね。

この本には「アンコウの肝よりおいしいムツの肝」という章があり、ムツの肝の味を礼讃していますが、こんなに魚の肝について熱心に語るのは、うちの主人くらいではないでしょうか。他にも、サザエ、フグ、タイ、イカ、ヒラメ、ホシガレイ、サワラ、ボラ、カワハギ、サンマ、キジハタ、マダラ、スケトウ等多くの魚の肝や卵の話が出てまいります。晩酌は、店の仕事が一段落してから、肝やアラを自分で料理して、肴にすることが多かったですね。そんな時に、はっと気づくことがあったのでしょう。仕事中にも、なにか発見すると、メモを取っていた姿が思い出されます。

いま漬け場《つけば》に立っております五代目の吉紀《よしのり》は、ずいぶん主人に似てきました。魚の切り方やお寿司を握る姿も似ています。主人と一緒に漬け場に立ったことはないので、細かいことは教わっていないのですが、同じようにやっているように思います。主人は吉紀が小さい頃から「食べてみろ」と、酒の肴になるようなものを食べさせていましたから、自然と主人と同じ舌を持つようになったのかもしれません。五代目としての個性も仕事に出てきましたが、なんとなく同じようなところがあります。

同じと言えば、仕入れ先も主人の頃から変わっておりません。築地が豊洲に変わったということはありますが、同じお店とお付き合いしています。主人が信頼して長年お付き合いしているお店です。また、ありがたいことに水質も保たれているので、主人の頃と同じく、井戸水を使って、魚を仕込んでおります。特に夏場は水道だと生ぬるくなりますから、美味しいお魚を提供するには、井戸水が欠かせません。

亡くなってからもう十年ほど経ち、このように主人のことを思い出すこともできるようになりましたが、何だかまだ主人が店の中にいてくれるような気もいたします。

（紀文寿司　四代目女将）

解説　忘れていた香りの記憶を呼び起こす一冊

長雄一

「私たちを食の快楽へと誘う哲学は、香りに対する意識ではないでしょうか」（一二頁）。
ん～難しい、深い……、だけどそう思う！
この本を読み進めていくと、どんどん食欲が湧いてくる。まるでその魚を食べている
ような錯覚すらおき、五感の刺激は半端ではありません。日本人が大好きな魚貝類につ
いての究極のバイブル、と言っても過言ではないでしょう。知らない知識がどんどん体
のなかに注入され、今すぐ寿司屋に駆け込み、魚とワインのマリアージュを試したくな
る衝動に駆られます。
解説のお話をいただいたときは、なんとなく、魚に香りぃ～？　って何だ?!　と思っ
たけれど、この本には、魚貝一つ一つの香りと味の成り立ちや、著者独自の香りや味の
表現が事細かに記されています。ワインも同様、一つ一つ土壌や気候により成り立ちが
違い、香りや味も様々です。
料理とワインの相性（マリアージュ）の世界に勤しんできた僕が、魚とワインの相性

について猛烈な興味と好奇心に駆られてしまったのは言うまでもありません。

「食」とは関係なく、何気ない日常の生活の中にも香りはある。無意識のうちに感じている香り、朝起きた部屋の香り、窓を開けた外の香り、季節の変わり目に感じる空気や風の香り、出勤した時の職場の仕込みの香り、実家に帰った時の海の潮騒の香り……。

ワインの香りに関しては、僕独自の考えがあって、教科書に載っている専門的な表現ではありませんが、例えば、白ワインで言うと、
・ソーヴィニヨンブラン種　爽やかなイケメンの香り
・シュナンブラン種　ハチミツレモンの香り
・リースリング種　甘酸っぱい青春の香り
・シャルドネ種　リッチで樽ロマンの香り（深い味わいでロマンを感じるという意味）
赤ワインだと、
・軽いピノノワール種　キュートでチャーミングな香り
・やや高級なピノノワール種　ハッとする初恋の香り
・カベルネフラン種　野生的でツンデレな香り
・カベルネソーヴィニョン種　優等生な香り
などなど。お手本のような味や香りの表現というのではなく、お客様に楽しんでもらう為に欠かせない、僕なりの表現です（笑）。

そして独自のワインと料理のマリアージュもあります。ザックリ挙げますと、
・マグロの刺身は、シラー種主体の軽めな赤ワイン。鉄分を含んだマグロとワサビ醤油に合う。
・蟹料理には、南仏のヴィオニエ種。クチナシの花のような香りと蟹の香りがなぜか合う。
・餃子には、ボジョレーのガメイ種。程よい渋味とフレッシュな果実の甘さが餃子のあんと合います！
・秋刀魚の塩焼きは、ピノノワール種。特にシャサーニュモンラシェの赤。今は、白ワインが有名だけど、大昔はたくさん赤ぶどうが植わっていた！
・焼き鶏の塩焼きだったら、薄甘口シュナンブラン種のヴーヴレイ。鶏から出る肉の脂と塩味の塩梅が、薄甘口のヴーヴレイと一緒に飲むともう堪らなく、悶絶するほど美味い！

と、書き進めていくうちに、生まれて初めて僕が直接魚と海にふれた体験を思い出してしまいました。

子供の頃、辻堂海岸の近くに住んでいた僕は、父親に連れられてよく投げ釣りをしに出かけていました。投げ竿にジェット天秤なる（飛距離が出る）オモリをつけて、餌は近所の釣り具店で購入したアオイソメで、釣れる魚はイシモチ、ふぐ、ボラ、たまにキ

スなどでした。投網を買ってもらって小さな蟹を獲ったこともありました。

釣った記憶はあるのですが、なぜか食べた記憶がまったくなく、ボラは臭いという印象だけが今でものこっています。酒の肴にピッタリのカラスミがボラの卵巣とは、恥ずかしながらお酒が飲める年齢になるまで知りませんでした。

そんなある日、近所の釣り好きな友達から、江ノ島の堤防釣りに一緒に行かないかという誘いがあって、物凄く嬉しくて楽しみだったのを覚えています。しかしいざ釣り糸を垂れるもなかなか釣れなくて、見兼ねたとなりで釣りをしていたおじさんが、僕達にボラを一匹くれました。あの臭い魚かぁ～、ともらったにも拘わらず、心の中で文句を言っていました。

そのボラを持参した小さなクーラーボックスに入れるため、堤防わきのテトラポットに足を掛けてクーラーボックスに海水を入れようとした瞬間、つるっと足が滑って海に落ち、濡れた洋服の重さで身体が沈み、溺れて両手でバシャバシャともがきながら、子供のか細い情けない声で「助けてぇ～」と叫んでいました。となりのボラをくれたおじさんから、「つかまれぇ～」と差し出された竿に必死につかまり、なんとか救出してもらいました。

帰り道の一匹も釣れなかった悔しさと、溺れて死にそうになったカッコ悪さと、服がビチョビチョで磯臭くなった自分を思い出させる、ボラの香り。魚の香りを生まれて初めて体験しました。

大人になってから伊豆宇佐美で船釣りに誘われた事があり、これまた久しぶりの釣りに嬉しくて楽しみでワクワクしていたのですが、出港直後に猛烈な船酔いになってしまい、自分でコマセをまいてしまいました。

コマセの甲斐あって（笑）、カワハギ狙いのところがなぜか魚ではなく、直径三〇センチくらいの大きな渡蟹が釣れました。その日釣れたのは後にも先にもその渡蟹一匹だけ。その晩、地元のお寿司屋さんに持ち込ませてもらい、味噌汁を作ってもらいました。渡蟹のミソが、味噌汁に溶け込み、濃いダシの香りと甘みがファーッと鼻を突き抜け、コマセた事も忘れさせる、すこぶる美味しい蟹汁でした。大変な思いをして釣った一匹の渡蟹と一体化した味噌汁の香りと味は、一生忘れません。なんだかそういう昔の記憶や子供の頃の体験が蘇る本でもあります。

東京に住んでいると全国各地から旬の食材や魚貝が集まってくるのですが、年に何度か日本各地の産地を訪れて、ご当地グルメを食べています。ただ単に旅行が好き（笑）。毎年初夏になると、北海道積丹半島の雲丹を食べに出かけています。北海道屈指のワイン銘醸地でもある余市が近くにあり、積丹の雲丹に余市のよく冷えた辛口ケルナー種のワインを合わせて飲むのが大好き！　雲丹のなんとも言えない甘くてとろける舌触りとふんわりと鼻から抜ける磯の香り、ほんのりした甘みと優しい酸味のケルナー種のワインが絶妙なバランスで合うのです。

科学的な根拠はまったくわかりません、実際に食べて飲む、ひたすら食べて飲む（笑）、の繰り返しで培ってきた自論と経験からの判断。本書にもあったように味覚の感じ方は千差万別。自分が美味しいと思える料理やワイン、それを同じ気持ちになって楽しんでもらえるお客様や仲間がいたらもう言うこと無しに心から嬉しい！　天にも昇るような気分！

著者の関谷文吉さんとゆっくりと食事を楽しみ、ワインや日本酒などを並べて飲みながら、あっ！　この魚にはこの酒が合うね、だとか、まてよ日本酒じゃなくてワインの方がより味わいや香りを引き出すんじゃない？　などと会話をしながら時間を過ごせたらどんなに楽しかっただろうなぁと、どうしても職業病的な発想になってしまいます。

東京湾でアナゴとかハマグリとか、香り高い天然ものの魚や貝がじゃんじゃん獲れる日がいつかまた来ないかなぁ〜、それを切に願うのは僕だけじゃないでしょう。『魚味求真——魚は香りだ』は、大切な事を思い出させ、また頑張ろうという元気をくれる、魅力ある一冊でした。

（カラペティバトゥバ　オーナーソムリエ）

ちくま文庫

魚味求真《ぎょみきゅうしん》　魚《さかな》は香《かお》りだ

二〇一九年十二月十日　第一刷発行

著　者　関谷文吉（せきや・ぶんきち）

発行者　喜入冬子

発行所　株式会社　筑摩書房

東京都台東区蔵前二―五―三　〒一一一―八七五五

電話番号　〇三―五六八七―二六〇一（代表）

装幀者　安野光雅

印刷所　中央精版印刷株式会社

製本所　中央精版印刷株式会社

ISBN978-4-480-43629-0　C0195